KB213252

'가르친다는 것'의 의미

THE TONE OF TEACHING
by Max Van Manen

'가르친다는 것'의 의미

Max van Manen 저 | 정광순 • 김선영 공역

학지사

학술지 『Phenomenology + Pedagogy』에 실린 van Manen 선생님의 글을 접하기 시작한 것은 내가 박사과정 공부를 시작하면서부터였다. 학위를 마치면서 나는 내러티브 탐구를 공부하기 위해서 Alberta 대학을 찾았다. 그곳에는 내러티브 탐구 방법론을 구축한 Jean Clandinin 선생님뿐만 아니라 van Manen 선생님도 계셨다. 나는 어렵지 않게 그의 연구실을 방문할 수 있었고, 자연스럽게 우리는 교사의 교육행위에 대해 이야기하게 되었다.

우리가 일상생활 중에 수도 없이 만나는 '상황'을 판사나 경찰은 법적인 상황으로, 교사는 교육적 상황으로 만들어야 한다는 그의 생각에 나는 크게 공감했다. 교사의 '교육행위 능력'이란 이런 일상의 상황을 교육적 상황, 즉 학생이 그 상황에서 뭔가를 배울 수 있는 상황으로 만드는 능력이며, 학생이 배우도록 하는 능력임을 깨달았다. 이것은 지난 10여 년간 초등학교 교사로서 살아온 나로서 '교육행위' 혹은 '가르침'이라는 용어를 가장 간명하게 이해할 수 있도록 하였다.

나는 '교육' 혹은 '가르침'을 섬세하게 구분해 본 적이 별로 없었다. 막연히 학생 앞에서 학생에게 하는 것 정도로 인식하고 있었던 것 같다. 어떤 상황에서 만난 한 아이에게 내가 여러 모습으로 존재한다는 것을 깨달았다. 내가 아이에게 훈육을 하면 나는 그 상황과 순간에 부모로 존재하며, 시시비비를 가리면 판사로, 잘못에 대한 벌을 가하면 경찰로 존재할 수 있다는 것을 알게 되었다. 내가 교사가 되려면 주어진 상황에 처해 있는 학생이 그 상황에서 진정 뭔가를 배울 수 있도록 만들어야 한다. 또 어떤 상황에 처한 우리는 모두 여러 모습으로 존재할 수 있다. 그리고 나는 그 여러 모습 중 교사로 존재해야 하는 사람이다.

그래서 교사는 어떤 상황을 교육적 상황으로 만들 줄 알아야 하는 사람이고, 그가 처한 상황에서 교육할 수 있어야 하고, 그로 인해 학생이 뭔가를 배울 수 있게 해야 하는 사람이다.

이 책은 우리가 교사에 대해, 교사의 교육행위에 대해 무심코 알고 있던 것들을 의미 있게 설명하고 있다. 그래서 이 책이 나에게 그랬듯이, 학생과 희로애락喜怒愛樂을 함께하며 생활하는 현장의 선생님들에게, 혹은 그런 선생님이 되고자 하는 예비 선생님들에게 자신이 교사로서 하는 일이나 행위의 교육적 의미를 음미할 수 있는 기회를 줄 것이다.

Alberta를 떠나면서 Manen 선생님에게 이 책을 한글로 번역해서 감사에 보답하겠노라고 약속했었다. 그 약속을 한 지 벌써 7년이 지나고 있다. 늦게나마 약속을 지키게 되어 기쁘다.

2012.

정 광 순

차례

PEDAGOGICAL
THOUGHTFULNESS
&
TACT

교육적인 고민 >>>

교육적인 고민

 교육자

방과 후, 학교 현관문 열쇠 구멍으로 나무 조각을 끼워 넣고 있는 두 남학생이 있다. 마침 학교 주변을 살피던 교장이 이들을 발견했다. 두 남학생은 깜짝 놀라 도망쳤다. 다음날 교장은 두 남학생 중 한 명의 얼굴을 기억해 내고, 교실을 방문해서 그 학생을 찾아냈다. 교장은 학생에게 어제의 일을 누구와 했는지, 그 친구의 이름을 말하라고 했다. 하지만 남학생은 친구의 이름을 대지 않고 버티고 서 있다. 화가 난 교장은,

공공시설이나 물건을 파괴하는 것은 범죄이며, 공공의 재산을 축내서 납세자에게 세금 부담을 주는 아이는

가만둘 수 없다고 말했다. 하지만 그 아이는 끝내 교장에게 친구의 이름을 말하지 않았고, 결국 5일간의 정학 처벌을 받았다.

이 교장이 남학생에게 한 행동은 과연 교육이라 할 수 있는가? 당신이라면 '밀고자'가 되기를 거부하는 남학생을 어떻게 할 것인가? 반 매넌van Manen, 1991은 교장이 한 행동을 교사의 교육행위라고 볼 수 없다고 했다. 왜냐하면 교장의 행위가 교육이 되기 위해서는 교육적 질문, 가령 '학생은 이 상황을 통해서 무엇을 느꼈는가?'라는 질문이 있어야 하기 때문이다.

교장이 이 상황에서 관리인도, 경찰도, 판사도 아닌 교사로 존재하려면 '이 아이를 어떻게 지도해야 하는가?' '이 일이 아이에게 어떤 영향을 미칠까?' '내가 무슨 말을 하고, 어떻게 행동해야 아이가 잘못을 깨우칠 수 있을까?' '이런 학생이 책임감 있는 어른으로 성장할 수 있도록 보살필 방법은 무엇인가?' 등등의 교육적 고민을 통해서 모종의 행동action을 취해야 하기 때문이다.

교장이 학생을 불러 세워 놓고, 훈화를 하거나 벌을 줄 듯이 쳐다보면서 "네가 현관문을 고장낸 그 학생이니?"라는 식으로 개입하는 것이 과연 교육적일가? 아니면, "네가 친구를 밝히고 싶지 않다는 것은 알지만, 나는 네가 그렇게 하도록 내버려 둘 수가 없구나. 여기는 우리 학교잖니……."라는 식으로 말하는 것이 교육적일까?

이 문제는 이 학생이 '우리 학교'라는 말을 어떻게 받아들일지, 어떤 이유 때문에 현관문을 그렇게 했는지에 따라 달라진다.

또 이 문제는 학교장이 어떤 사람인가와 관련이 깊다. 이 상황에서 교장이 교사로 존재하기 위해서는 말해야 할 것과 말하지 말아야 할 것, 짚고 넘어가야 할 것과 그냥 넘어가도 될 것을 알아야 한다. 아이들의 세계에 교육적으로 개입할 수 있는 교사의 교육행위 능력은 학생과 학생이 처한 상황을 이해하고, 여기에 교육적으로 적합하게 개입할 줄 아는 것이다. 다시 말해, 교사에게는 교육하는 데 필요한 지식special kind of knowledge이 있어야 한다Manen, 1991.

✳ 심리학자

다인이는 작은 광산마을에 산다. 자기 집에서 300km 떨어진 곳으로 심리치료를 받으러 다닌다. 그 아이가 앉아 있는 치료실은 밝고…… 커다란 박스 하나밖에 없는 휑한 방이다. 덩치 큰 남자 심리학자가 들어와서 아이의 앞에 앉는다. 도우미가 아이 엄마와 할아버지를 밖으로 모셔나가서 관찰거울one-way mirror을 통해 아이와 심리학자를 볼 수 있도록 도와주었다. 다인이는 다섯 살의 발달지체아동이다.

오늘은 다인이가 대도시 클리닉센터에서 중요한 진단을 받는 날이다. 책상 위의 박스에는 진단교구들이 들어 있다. 폭이 깊은 박스라 다인이는 그것이 뭔지 알지 못했고, 심리학자가 박스를 열었을 때도 다인이는 박스 안의 자료들에 대해 거의 관심을 보이지 않았다. 다인이는 매우 불편해하더니, 눈에 눈물이 고이기 시작했고, 드디어 흐느껴 울었다. 울음을 그칠 것 같지 않자, 심리학자는 진단교구들을 다시 박스 안으로 챙겨 넣었다.

덩치가 큰 남자가 다인이에게 울 필요 없다고 말하면서 뭔가를 기록하고 있다. 남자는 기록을 하면서 또 한 눈은 앞에 있는 시계를 쳐다본다. 다인이는 불안해했지만, 심리학자는 다인이를 안심시키려 하지 않았다. 나중에 설명을 할 때도 그는 그 상황에서 보였던 다인이의 반응에 대해 어떤 말도 하지 않았다. 단지 심리학자는 다인이가 운 시간이나 우는 강도만을 기록했다.

그동안 다인이를 담당해 온 방문 심리학자도 건너편 관찰거울이 있는 곳에 다인이 엄마, 할아버지와 함께 있었다. 다인이가 운 지 10분이 지날 즈음, 엄마는 다인이의 괴로움을 더 이상 보지 못하고 안으로 들어가 다인이를 무릎에 앉혔다. 다인이는 흐느낌을 멈추고 진정했다.

여기서 대체 무슨 일이 일어나고 있는 것인가? 이 일을 다르게 다룰 수도 있었다. 예를 들면, 그 심리학자는 다섯 살 꼬마의 손을 잡고, "여기 들어가서 어떤 장난감이 있는지 볼까?"라고 말할 수도 있었다. 그들은 같이 그 방으로 들어가서 함께 살펴볼 수도 있었다. 만약 그곳이 아이에게 친근한 장소였다면, 그들은 벽에 걸린 그림을 볼 수도 있었을 것이고, 또 다른 것도 알아차렸을 것이다. 그들이 서로에게 좀 익숙해지면, 박스로 관심을 돌릴 수도 있었다. 심리학자는 우리가 이 커다란 박스에서 뭔가를 찾아야 한다고 좀 더 적극적인 제안을 할 수도 있었다. 어떤 면에서 그 두 사람에게 이런 것은 장난감일 수 있었다. 또한 그들은 같이 바닥에 앉아 놀 수도 있었다.

물론, 만약 관찰장소로 아이가 사는 집을 고려했더라면, 그 심리학자는 아이뿐만 아니라 아이의 삶, 가정 환경, 일상생활까지 '진단' 할 수 있었을 것이다. 이것이 훨씬 나은 아마도 보다 생생한 자료일 것이다. 대부분의 검사는 아이에게 친숙한 물건이나 장난감들이 있는 자연스러운 상황에서 보다 쉽게 할 수 있다. 소위 '진단'이라고 하는 것은 주로 아이의 성장이 긍정적일 수 있도록 돕기 위한 방법을 찾는 것이다.

왜 대도시에 있는 대규모 클리닉에 가는가? 아동발달 관련 전공서적에 둘러싸여 있는 심리학자는 진단

도구들을 잘 다룰 수 있고, 클리닉 전문가로 세밀하고 과학적인 보고서를 작성할 수 있다. 그는 수백 명의 어린이를 진단해 본 경험이 있다. 그러나 그 심리학자는 그 상황낯선 방, 덩치 큰 어른과 큰 박스, 엄마나 할아버지와 떨어져 혼자인 그 상황에서 다인이가 경험했을 방식에 대해서는 잘 몰랐다. '아이가 이 상황을 어떻게 경험하는가?' 하는 가장 궁극적인 질문을 하지 않는다. 그 전문가는 임상적 '지식'은 풍부할지 모르지만, '배려'가 부족했다. 지식에 배려를 더한 것이 바로 교육학적 지식이다.

✴ 부모

"나는 네가 바이올린을 연습하는 것을 보고 싶어."라고 어머니가 말한다. 좋은 분위기는 아니다. 부모와 아이 모두 처음에는 즐거움이나 만족감을 위해 시작한 바이올린 연주가 이제는 해야 할 '일'이 되었다. 이미 어머니의 목소리는 실망한 어조다. 매일 전쟁이다. 부모는 '왜 내 자식은 어떤 노력도 보이지 않고, 내 보살

핌에 대해서 조그마한 보답도 하려고 하지 않지?'라고
생각한다.

그러나 아이는 다르다. 어머니는 아이가 바이올린
연습을 열심히 하기를 바라지만, 분명한 것은 엄마도
아이의 바이올린 연습을 지켜보는 걸 즐거워하지 않다
는 점이다. 어머니에게 이것은 또 하나의 집안일인 셈
이다. 매일 정해진 시간과 장소에서 아이가 연습하는
것을 지켜보는, 그저 하루 일과 중의 하나일 뿐이다.
바이올린 연습은 어머니와 아이 사이의 또 다른 분쟁
의 원인이 되고 있다. 두 사람은 이미 연습을 하기도
전에 끝나기를 바란다. 어머니와 아이는 신경전을 벌
이며 연습에 임하지만, 얼마 못가서 아이는 말한다.

"엄마, 피곤해요. 나중에 하면 안 될까요?"

아이는 거추장스럽다는 듯 들고 있던 바이올린을
내려놓는다. 이미 아이는 의욕을 상실했다.

아이들은 기분이나 분위기 변화에 아주 민감하다.
음악은 정말 즐기는 것이어야 한다. 아이의 말에 어머
니는 화가 나서, "좋아, 그렇게 해. 나도 이제 너의 그
런 태도에 지쳤어. 네 바이올린은 팔아 버리거나, 음악

을 좋아하는 아이에게 줘야겠어."라고 말한다.

　한편 이웃집에서는 아버지가 첼로를 꺼내고 있다.
그는 정성껏 첼로를 조율하는데, 이런 그의 행동에서
그동안 그가 인내하며 첼로 연습을 해 왔음을 미루어
짐작할 수 있다. 그는 전혀 서두르지 않는다. 이것은
특별한 순간이며, 일종의 막간을 이용한 즉흥적인 연
주처럼 조율 그 자체를 즐기고 있다. 첼로는 낮은 음
을 내며 유혹한다. 온 집 안에 첼로 소리가 가득 퍼진
다. 어느새 그는 자연스럽게 음악에 몸을 맡긴다.
　때마침 방으로 들어가던 그의 아이가 아버지의 연
주소리를 듣고 미소를 보낸다. 첼로 소리를 들으며,
그는 바이올린 케이스를 열고, 바이올린에 턱을 괴어
어깨로 바친다. 음들이 어우러진다. 신기하게도 다섯
살짜리 아이는 아버지의 연주에 정확하게 앙상블할
줄 안다. 그런 아이에게 아버지 역시 미소를 보낸다.
아버지는 이걸 기대했었다. 아버지는 주의 깊게 화음
을 선택했던 것이다. 어떤 음색이 바뀌는 순간, 그것
을 지적하며 반복했다. 그들은 소리에 귀 기울이며 그

소리의 유창함, 풍성함, 조화로움을 즐긴다.

여기서 음악하는 것을 연습이나 훈련과 구분하기는 어렵다. 연습이 연주가 되고, 연주가 연습이 된다. 음악은 영성을 자극한다. 자발적이고, 친근할 뿐 아니라 새롭다. 더불어 몸과 마음의 양식이 된다.

이런 예시가 아동 교육에 주는 시사점은 무엇인가? 한마디로 말해서 교육은 복잡하고 미묘한 일이다. 교육은 학생에게 적절한 영향을 미치는지 혹은 적절하지 않은 영향을 미치는지를 구분할 줄 아는 능력이다. 교육에는 정답이나 공식이 없다. 어떤 사람은 아이에게 바르고 옳은 소리만 한다. 또 어떤 사람은 아이를 어떻게 다루어야 할지 몰라서 헤맨다. 그렇다고 양육이나 교육에 대한 책을 많이 읽는다고 해서 되는 일도 아니다. 교육 관련 도서는 우리에게 교육에 대한 중요한 지식을 제공하지만, 그 지식은 외적인 것이다. 우리는 아이들이나 청소년들이 생활하는 매 순간마다 그들을 배려하고 세심하게 다루지를 못한다.

교육적 배려나 감각을 기르도록 연습해야 하는 상

황에서 지금까지와는 다르게 행동해 볼 수 있다. 교육 행위 능력이 있는 교육자는 모든 상황아동마다 다르고, 상황마다 다르며, 개개인의 삶이 다른을 개별적으로 다룬다. 아이들의 모습이 모두 다르듯이 이 아이는 세상에 오직 하나다. 우리가 이런 존재의 독자성을 받아들일 때, 우리의 관심은 달라진다. 하지만 모든 사람이 그렇게 할 수 있는 것은 아니다. 가령, 두 사람이 해변을 따라 걷다가 이상한 것을 보게 된다고 생각해 보자. 모래사장으로 떠밀려 온 불가사리가 여기저기에 있다. 대부분은 이미 죽었고, 따가운 햇살을 받으며 모래 위에서 질식한 듯하다. 나머지 불가사리는 타는 듯한 모래 위에서 사력을 다하고 있다. 때마침 그곳을 지나가던 사람들 중 한 사람이 "끔찍하군. 그러나 이게 자연이지." 라고 말한다. 반면, 동행하던 사람은 몸을 숙여 불가사리가 살아 있는지 자세히 살펴본다.

"뭐해?" 하고 먼저 사람이 묻는다. "소용없는 일인 거 몰라? 하나를 구해 준다고 해서 해결될 일이 아니야." 그러자 동행하던 사람은 "요놈에게는 중요한 일이지." 라고 말하면서 불가사리를 바닷물 속으로 던져 준다.

교육적 고민이나 감각은 우리가 무엇을 하느냐 하는 것만큼이나 우리라는 존재 자체와도 관련이 있다. 이것은 머리로 아는 것뿐만 아니라 마음으로 아는 그런 것이다. 앞에서 예로 든 첼로를 연주하는 아버지에게 불평을 늘어놓고 있는 어머니가 있다고 생각해 보자. 아버지가 아내에게 "당신도 노래를 하거나 연주를 해 보지 그래?"라고 말한다. 어머니가 이 충고를 진정으로 받아들인다고 생각해 보자. 이것이 가능할까? 우리가 말할 수 있는 것은 가능한 일이라는 것이다. 성공하리라고 장담할 수는 없다. 어떤 상황에서도 똑같은 방식으로 경험하는 사람은 단 한 사람도 없다. 더 중요한 것은 아버지가 하듯이 그런 허용적인 분위기를 만들 수 있을까 하는 것이다. 여기에는 미묘한 차이가 있다. 다행인지 불행인지는 모르겠지만, 이런 교육적 고민이나 감각을 기르는 것에는 정답이 없다.

교육적 고민은 이런저런 상황에서 여러 아이를 만나면서, 그 아이에게 귀 기울이고 반응하는 과정에서 습득된다. 교사는 그렇게 아동과 함께하면서 교육적으로 고민할 줄 알게 된다.

UNDERSTANDING
THE CHILD'S WORLD OF
POSSIBILITY

어린이의 세계 >>>

어린이의 세계

우리에게 아이는 우선이 아니지만, 아이에게 우리는 우선이다. 아이는 우리에게 하나의 선물이다. 가능성을 경험하게 하는 선물 말이다. 아이는 아이다. 왜냐하면 아이는 자라는 과정에 있기 때문이다. 따라서 아이는 인생을 가능성으로 경험한다. 부모나 교사가 아이를 가르친다는 것은 가능한 존재 방식을 의도적으로 보여 주는 것이다. 이렇게 어른들이 아이를 가르칠 수 있는 것은 어른은 삶이란 끝이 없는 과정이라는 것을 알기 때문이다. '어떻게 살아야 하는가?'라는 질문은 인간이 영원히 풀지 못하는 숙제다. '이것이 내 인생인가?' '나는 잘 살고 있는가?' 우리 안의 이런 질문을 다시 끌어내는 가장 영향력 있는 사람은 바로 아이다. 우리가 해야 할 일은 아이에게 귀 기울이고, 아이에게서 배우는 것이다. 이런 면에서 아이는 우리의 스승이다.

우리는 아이에게 교사와 부모로서 우리 자신을 기꺼이 보여 준다. 이것이 아이에게 사는 법을 이해시키는 가장 좋은 방법이다. 더 자세히 말하면, 우리는 아이가 처한 상황을 이해시키기 위해 최선을 다해야 한다. 아이는 복잡한 삶을 어떻게 경험하는가?

아이 곁에 있다는 것은 매우 개인적인 행위이며, 뭐라고 단정하기 힘든 행위다. 우진이와 그의 할아버지, 할머니의 경우를 보자. 우진이는 네 살이고, 할아버지, 할머니와 따로 산다. 당연히 할아버지, 할머니는 우진이를 보고 싶어 한다. 그래서 그들은 틈나는 대로, 그들의 차를 가지고 우진이의 집으로 가서 우진이를 그들의 차에 태워 어디로 가곤 한다. 이럴 때면 우진이는 매우 들떠 있다. 자동차 안의 여러 종류의 계기판이나 버튼들, 또는 바깥의 풍경은 우진이에게 새로운 호기심을 불러일으킨다.

"할머니, 저 빌딩은 뭐예요?" "저 개 좀 보세요!" "할아버지, 이 버튼은 뭐하는 거예요?"

하지만 우진이의 질문은 대부분 무시된다. 우진이가 질문을 할 때면 할아버지와 할머니는 대화 중이어서, 가끔 몇 마디 답해 줄 뿐이다. 마치 아이를 달래서 가만히 앉혀 놓으려고 사탕을 던져 주듯이 말이다. 우진이의 말은 들으려하지 않으신다. 그들은 우진이와 함께 있는 것 같지만 실은 그렇지 않다. 집에 돌아온 우진이는 할아버지, 할머니와 함께 시간을 보냈지만, 사실 자신과 진정으로 함께한 사람은 없었다.

아이와 함께 있을 때, 나는 아이에게 하나의 본보기가 될 수밖에 없다. 어른으로서 나는 아이에게 가능한 하나의 존재 방식을 보여 주게 된다. 아이는 내 몸짓, 내가 바라보는 방식이나 행동하는 방식, 반응하는 방식, 시간을 사용하는 방식을 따라 한다. 이런 것을 보면서 나는 스스로 의구심을 갖는다. 이것이 내 아이가 원하는 것인가? 아니면 내가 원하는 것인가?

인류는 역사적으로나 문화적으로 여러 종류의 가능한 삶의 방식이나 존재 방식을 만들어 왔다. 아이는 이런 세상을 학교, 미디어, 이웃 그리고 우리를 통해서 접한다. 하지만 아이 스스로 개인적인 경험이나 선택, 현실 참여를 통해서 그들 자신의 개성과 정체성을 찾아야만 한다. 그렇다면 아이가 이런 일을 할 수 있도록 우리는 그들에게 어떤 도움을 줄 수 있을까? 대표적으로 설명할 만한 가치가 있는 세계는 어떤 것일까? 단순하게 아이가 스스로 발견하기만을 기대하고 있을 수는 없다. 아이가 스스로 행동하고, 실험하고, 창조할 수 있도록 허용해 주어야 한다.

이런 면에서 아이는 어른의 선생이다. 아이가 실현하는 가능성을 보면서 우리는 우리의 가능성을 상기하게 된다. 이런 교육적 가능성을 경험한다는 측면에서 아이는 우리를 다시 젊게 만든다. 아이들은 우리에게 다르게 살 수 있는 가능성, 더 잘 살 수 있는 가능성, 그런 희망을 보여 준다. 더불어 우리는 다시 한 번 우리 삶에 대한 희망을 이해하게 된다.

어떤 면에서 아이를 키우는 것은 자기 자신에 대한 봉사이며 자기애다. 그러나 몸은 함께 있지만, 정신적으로는 함께하지 않으면서 부모그리고 교사 자신이 원하고 바라는 것을 과하게 요구하는 사람도 있다. 또 아이와 경쟁하거나 싸우면서 생활하는 부모나 교사도 있다. 아이를 무시하고, 그들에게 귀 기울이지 않고, 아이라면 진저리를 치는 것은 슬픈 일이다. 이런 어른에게 가장 심한 벌은 평생 양심의 가책을 느끼게 하는 것, 자녀와 친하게 될 기회를 놓친 것을 후회하도록 하는 것이다. 이런 자녀는 평생 어린 시절의 상처를 치유하기 위해 노력해야 한다.

교사그리고 부모는 아이의 현존 덕분에 희망을 경험한다. 이것은 역설적이다. 사람들은 자신의 삶보다는 아이의 삶이 더 중요하다는 것을 경험하면서, 동시에 스스로의 삶을 더 잘 이해하게 된다. 사람들은 스스로의 삶에 의문을 가질 때 새로운 삶을 추구한다. 이 아이를 만나기 전에는 마음만 먹으면 자신을 함부로 대할 수 있으며, 나쁜 버릇을 들일 수도 있다. 타인의 진정한 필요를 모른 채 살 수도 있다. 하지만 내가 아이와 함께 살기 때문에, 아이를 사랑하기 때문에 더 이상 지난날의 나로 안주하며 살 수는 없다. 이처럼 교육은 자기 교육으로 전환된다.

자신의 교육은 이미 끝났다고 생각하는 교육자들도 있다. 그들은 이런 생각을 당연하다고 여길 것이다. 이런 교육은 대부분 강요나 교묘한 속임수의 교육 아동기를 지나 어른 세계의 권위 있는 교육으로 변한다. '교육을 다 받았다.'고 생각하는 교육자들은 어린이를 미성숙한 존재로 보는 경향이 있다. 그래서 아이에게 귀 기울이지 않고, 그들에게 배우지도 못한다.

THE CHILD'S EXPERIENCE OF
CURIOSITY & WONDER

경이로움을 경험한다는 것 >>> >

경이로움을 경험한다는 것

"저게 뭐야?"

이제 막 아장아장 걷기 시작한 아이가 질문을 하면 대부분의 어른은 아이가 하는 질문의 의미를 이해하지 못한다. 예컨대, 길을 가던 아이가 지나가는 자동차를 가리키며, "저게 뭐야?"라고 묻는다고 하자. 그러면 대부분의 부모는 아이의 질문에 이렇게 대답한다.

"저게 뭔지 알잖니? 저건 자동차잖아!"

자동차, 트럭, 버스는 아이가 가장 먼저 배운 낱말들이다. 아이는 주변에서 흔히 보는 것을 가리키며, "저게 뭐야?" 하고 묻는다. 이와 같은 현상은 아이에게는 아주 흔한 일이다. 아이는 사물의 이름을 물으면서 세상과 관계를 맺고 세상을 탐구한다. 아이는 사물의 이름을 부르면서 세상과 어울려 있는 자기 자신을 찾기 시작한다.

이름을 부르는 것은 인간으로서의 행위다. 아이가 "저게 뭐야?"라고 묻는 것은 단순히 이름을 묻는 것만은 아니다. 이러한 행동은 세계에 대해 어른들과 대화하기를 원하는 것이다. "저게 뭐야?"라고 묻는 것은 대화하자는 것이요, 생각할 시간, 경외할 시간을 갖자는 것이다. 그러므로 어른들은 아이가 묻는 대상을 그냥 말해 주기보다는 이를 통해 아이와 대화를 시작할 줄 알아야 한다.

사실 뭔가를 부르는 것은 그 이름을 아는 것 이상이다. 이름을 부르면서 우리는 그것과 함께한다. 뭔가를 부르는 것은 그것의 실체를 고려하는 것이고, 그것의 본성과 속성을 고려하는 것이다. 이름을 부르면서 우리는 그것과 친숙해진다. 나아가 주변에 속해 있는 우리 '자신'을 깨닫기 시작한다. 예컨대, 저 노래는 나를 행복하게 하고, 저 멜로디는 나를 슬프게 하는 것이다.

아이들은 본래 모든 것을 궁금해한다. 아이와 사는 어른은 이러한 어린이의 본능을 알아야 한다. 아이가 뭔가를 질문하면 우리는 어떻게 해야 하는가? 종종 학교가 아이의 타고난 호기심을 소멸시키고, 흥미를 억압한다는 비난을 받는다. 하지만 호기심은 무조건 좋은 것인가? 어떤 호기심을 좋게 봐야 하는가?

　재원이는 호기심이 많은 아이다. 다섯 살짜리 치고는 곤충에 대해 많이 알고 있다. 종종 재원이와 그의 아버지는 곤충을 채집하러 시냇가나 숲에 간다. 재원이는 곤충을 잡으면 그 곤충을 현미경으로 살펴보기도 한다. 재원이의 아버지는 과학자여서 재원이는 친구들 사이에서 과학에 대해 해박한 아이로 알려져 있다.
　"곤충에 대해 알고 싶으면 재원이에게 물어봐."
　승민이도 곤충에 대해 호기심이 있고, 재원이와는 친하다. 그러나 가끔은 재원이 때문에 당황할 때가 있다. 며칠 전에 그들은 뒤뜰에서 쐐기벌레를 발견했는데, 재원이가 그 쐐기벌레를 밟아 죽여 버렸다. 그리고 어제 오후에는 승민이와 재원이가 밖에서 놀다가 느릿느릿 움직이는 커다란 거미를 목격했다. 재원이가 집으로 뛰어 들어가더니, 풀을 가지고 나와서는 거미 위에 떨어뜨리는 것이 아닌가. 이번에는 딱정벌레와 개미에게도 풀을 떨어뜨렸다. 그날 밤 승민이는 거미, 딱정벌레, 개미가 도와달라고 울부짖으며 죽는 악몽을 꿨다.

확연히 재원이와 승민이는 곤충을 '아는' 방식이 서로 다르다. 교육학에서 주목할 만한 것은 이러한 차이가 매우 어린 나이에 나타난다는 것이다. 재원이에게 거미, 딱정벌레, 쐐기벌레, 개미는 단지 채집하고 분류할 수 있는 생물일 뿐이다. 곤충에 흥미가 있는 것은 분명하지만, 재원이의 곤충에 대한 호기심은 진정한 것이 아니다. 단지 재원이는 거미의 다리가 몇 개인지, 딱정벌레는 어떻게 생겼는지, 몇 번 변태해서 쐐기벌레가 되는지, 개미가 얼마나 강한지 등에 대해 알고 있을 뿐이다. 즉, 재원이에게 곤충은 정보다. 그러나 승민이에게 곤충은 생명체의 신비다. 차이라면 재원이는 어린 시절에 곤충을 자연스럽게 접해서 배우지 못했다. 다시 말해 본능적으로 궁금해하고, 놀라워하고, 경이로워하지 못했다.

호기심을 느끼는 아이는 질문, 그것도 얼토당토 않

은 질문을 하곤 한다. "세상에서 제일 큰 동물은 무엇이에요?" "가장 빠른 동물은 무엇이에요?" "거미 다리를 떼면 어떻게 돼요?" "하늘의 별은 전부 몇 개예요?" "슈퍼맨은 어떻게 강해졌어요?" 이런 질문을 하는 아이는 호기심이 있는 것이 아니라 호기심이 없는 것이다. 이를 조숙한 호기심이라고 할 수 있는데, 피상적인 호기심이다. 이런 호기심은 어린이의 성장에 좋은 영향을 거의 미치지 않는다.

미처 준비가 되지 않았는데도 현상을 좀 더 빨리 알도록 다그치는 어른의 경솔한 질문을 통해서 조숙한 호기심이 생겨 버린 것이다. 조숙한 호기심은 어른의 너무 많은 질문에 답하면서 생긴다. 어린이의 호기심에 대한 답이나 결론은 섣불리 내지 않아도 되는데도 말이다. 그래서 조숙한 아이는 많이 아는 편이다. 적어도 많이 아는 것처럼 보인다. 그러나 실제로 이런 아이는 단지 많은 답을 알고 있을 뿐이지 대부분의 경우는 진짜 궁금해하지 않는다. 조숙한 아이가 묻는 질문은 대부분 빨리 스쳐 지나간다. 이와 같은 질문은 정말 몰두하거나 참된 흥미에서 나오는 것이 아니라,

오히려 경쟁적이다. 하나의 흥미는 또 반짝하고 오는 다른 흥미로 인해 쉽게 무시되거나 대체된다.

조숙한 호기심을 가진 아이는 답이 나오면 질문을 하지 않는다. 이런 아이는 질문을 일종의 게임처럼 대한다. 질문이 나오면 바로 호기심을 멈추고 답을 찾는다. 우리가 사는 세상에 있는 모든 질문에 정확한 답이 있다고 생각한다. 그러나 그런 답만 있는 것은 아니지 않은가.

어른들은 아이가 질문을 하면 바로 답해 주기보다는 아이 입장에서 질문을 계속하도록 도와야 한다. "나도 태양이 왜 뜨거운지 궁금하다." "지구는 어떻게 만들어졌는지 궁금하다." "나도 어디서 왔는지 궁금하다." "나뭇잎은 왜 색이 변하고, 나무에서 떨어지는지 궁금하다." 등과 같은 질문을 할 수 있다. 하지만 아이는 정말로 궁금하면 질문을 많이 하지 않는다. 정말 궁금하면 자신에게 질문을 한다. 궁금한 것으로 남겨 두거나 덮어 두면 정말 궁금해진다.

배움은 궁금할 때 시작된다. 궁금해하도록 가르칠 수 있는가? 우리는 어린이를 궁금하게 할 수 있는가? 스스로 궁금하게 할 수 있는가? 궁금함은 우리의 마음을 열어 놓고 있을 때 우리에게 찾아오는 은총과 같은 것이다.

호기심이 가득했을 때가 있었다. 어느 날, 나는 한밤중에 나의 두 아이와 함께 불가사의한 하늘 아래 있었던 적이 있다. 우리는 어둠이 내린 빈 농장을 지나고 있었다. 그때 우리는 이상한 현상을 보았다. 멀리 밤하늘에서 어둠이 걷히는 것 같은 모습이었다. 보이지 않는 손이 하늘의 커튼을 걷는 것 같았다. 밤하늘은 오로라역자주: 남·북반구의 고위도 지방에서 볼 수 있는 하늘의 발광현상를 상영하는 극장 같았다. 나는 차를 세웠고, 우리는 차에서 내렸다. 사방은 어두웠고, 별들만이 떠다니는 거대한 창공이었다. 우리 바로 위의 짙은 검은 하늘을 가로질러 퍼지는 여명은 정말 놀라운 광경이었다.

아이들은 이처럼 마술 같은 순간에 놀라울 만큼 조용했다. 나는 그들에게 진정으로 경이로운 경험을 갖게 해 주었다고 생각했다. 경이로움은 하늘의 별로 둘러싸인 저 너머에서 순간 다가왔다. 정말이지 그 경이로움은 우리를 '압도'했다. 우리는 마치 심오한 우주에 둘러싸인 것 같았다. 어떤 사람은 하늘을 응시하면서 자신을 넘어서는 저 너머의 어떤 존재를 느꼈을지도 모른다. 마치 미로에 빠진 것 같았다. 그리고 어떤 이는 이런 극적인 순간에 자신 속으로 빠져들 수도 있다. '나는 누구인가?' '나는 어디에서 왔는가?' '나는 왜 여기에 있는가?'라는 질문에는 답이 없다. 깨어나자마자 사라져 버린다.

나중에 아이들에게 인상적이었냐고 물어봤더니, 그들은 매우 '신선'했다고 했다. 하지만 놀랍게도 아이들은 나와는 다른 것을 이야기하고 싶어 했다. "깜깜한 어둠 속에 있는 게 두려웠지?" "우리가 서 있던 곳 주위에 늑대가 있었을까?" "도로 쪽 풀숲에서 나는 소리를 들었니? 무슨 소리였을까?" "우리 쪽으로 뭔가가 튀어나올 것 같았지?" "만약 그런 일이 생겼다면 우리가 뭘 할 수 있었을까?" "만약 우리가 그 어둠 속에 영원히 남아 있어야 했다면 어떨까?" 그렇다. 나는 아이들과 많은 이야기를 나누고 나서야 비로소 내 아이들이 내가 경험한 그날 밤의 오로라를 경험하지 못했다는 것을 깨달았다.

그럼에도 불구하고, 내 아이들이 나름대로 궁금증에 휘말렸다는 것은 교육적이라고 생각한다. 하지만 그들은 내가 전혀 짐작도 못한 것들을 궁금해했다. 내 시선은 위를 향했지만, 나의 아이들의 시선은 바로 옆에 있던 어둠을 응시하고 있었다. 그 어둠 속에서 그들은 극적인 아름다움을 느꼈던 것 같다.

호기심은 간접적으로만 야기될 수 있는 일종의 집중 상태다. 부모나 교사라고 해서 어린이가 경험할 만한 것을 다룰 수는 없다. 다만 교육행위 능력이 있는 교육자라면 질문의 의미를 알아차리고 약간의 행동으로도 그 질문을 심오하게 만든다.

"저는 현수가 관심을 갖고 몰두하는 것에 대해 잠시 이야기를 나눴어요." 현수의 유치원 선생님이 말했다.

"오늘 아침, 현수는 '지구는 어디서부터 왔어요?'라고 물었어요. 그래서 저는 사람들이 아주 오래전부터 이것을 궁금해한다고 말해 줬지요. 그리고 저는 현수에게 이런 질문에 답을 한 몇몇 사람의 이야기를 들려

줬어요. 저는 이 질문의 답을 하나로 고정시키지 않고 현수에게 열어 두고 싶었어요."

어떤 것이 아이의 질문에 좋은 답인가? 좋은 답은 분명 아이들의 질문을 현대 과학에 토대를 두고 답하지 않는 것이다. 어린이는 자연현상의 인과관계에 대한 설명을 듣고 싶어 하는 것이 아니기 때문이다.

"나뭇잎 색이 왜 바뀌어요?"

이에 대해서 편하게 말하자면, "나무도 쉬어야 하니까." "겨울이 되기 전에 알록달록한 나뭇잎으로 바뀌어서 세상을 아름답게 하려고." "사람들이 나무 향기를 맡으며 낙엽 위를 걷는 걸 좋아하니까." 등의 여러 가지 대답이 가능하다. 아이에게 좋은 답은 그 아이와 관계있는 답이다. 다시 말해, 좋은 답은 질문 속에 있는 아이의 흥미를 상기시키는 것이다. 교육적 감각이 있는 교육자라면 아이가 만들어 내는 질문을 호기심이 유지되도록 지킬 것이다.

**SEEING CHILDREN
PEDAGOGICALLY**

본다는 것 >>>

본다는 것

부모나 교사는 아이들을 어떻게 보는가? 다른 사람들이 아이를 바라보는 것과는 구별되는 '교육적으로 보기'라는 것이 있는가? 이 질문은 좀 이상하게 들릴수도 있다. 보이는 대로 보는 것 같지만, 실제로 우리는 모두 같은 방식으로 아이들을 보지는 않는다. 예컨대, 줄넘기하는 아이, 그림 그리는 아이가 있다고 하자. 줄을 넘는 아이와 그림을 그리는 아이를 볼 때, 모든 사람이 같은 모습, 같은 움직임을 볼까?

그 어떤 것도 완전히 순수하게 볼 수는 없다. 우리가 보는 대상과 방식은 우리가 누구이며, 어떻게 존재하는가에 따라 다르게 보인다. 우리가 아이의 세계를 보는 방식과 대상은 우리와 아이의 관계에 따라 달라진다.

길을 가다 잠시 멈춰 서서 줄넘기하는 아이를 보면 나는 입가에 미소를 짓게 된다. 나는 줄의 탄력, 리듬 그리고 추억 하나를 본다. 그 리듬이 기억난다. 시간이 멈춘다. 아이는 줄넘기를 멈추었지만, 내 발은 여전히 그 스냅을 느낀다. 안타까워진다. 그 옛날 학교 운동장이 보고 싶다. 그러나 곧 정신을 차려 보니, 유년기 시절 나의 집은 수천 리 떨어져 있었고, 그 운동장을 다시는 볼 수 없다는 것을 나는 이미 알고 있다. 줄넘기하던 아이에게서 돌아서서 나는 다시 가던 길을 간다. 나는 아이, 줄넘기, 줄넘기하는 아이의 모습을 보았다. 그 광경과 소리가 어우러지면서 내 발이 마치 줄을 넘는 느낌이었다. 그리고 안타까움과 향수를 느꼈다.

교사가 줄넘기하고 있는 아름이를 보고 있다. 아름이의 담임교사는 지나가는 다른 교사나 학생이 볼 수 있는 것보다 더 많은 것을 본다. 아름이는 다른 아이들과는 멀찍이 떨어져서 줄넘기를 하고 있는데, 교사는 어떻게 하면 아름이를 친구들과 어울리게 할 수 있을지 고민이다. 아름이는 학급에서 가장 공부를 잘하는 학생이지만, 정말 그녀가 영리해서 그런 것은 아니다. 안쓰러울 정도로 열심히 하기 때문이다. 아름이의 어머니는 아름이에게 기대가 크다. 아름이의 어머니는 딸을 영재라고 생각하는데, 아름이는 그런 엄마의 기대에 어긋나지 않을 만큼 열심이다. 교사가 생각하기에 유년시절의 아름이는 행복과 어머니의 총애를 맞바꾼 것 같다. 교사는 아름이가 줄넘기하는 모습을 보면서 다른 아이들이 재미있게 줄넘기하는 것과는 달리 긴장하고 있다는 것을 알았다. 그것은 아름이가 과제나 시험 때마다 보여 주는 그런 긴장이었다. 아름이는 줄넘기를 한다기보다 행군하는 듯하였다.

또 교사는 아름이가 줄을 넘으면서 여럿이 큰 줄을 넘고 있는 다른 애들을 힐끗힐끗 쳐다보곤 하는 것을 목격했다. 아름이와 눈이 마주친 한 아이가 아름이에게 오라는 손짓을 했다. 그 순간 아름이는 갑자기 멈춰 섰다. 줄이 그녀의 발에 걸리고, 아름이는 교문 쪽으로 돌아서 버렸다.

교사가 본 것은 무엇인가? 아름이는 같은 반 친구

들을 항상 경쟁 상대로밖에 볼 줄 모르는 외로운 소녀였다. 교사는 만약 아름이가 어머니에게서 벗어나 혼자 있을 수 있는 개인적인 공간이라도 갖는다면 그 공간에서 스스로 사회성을 키울 수 있을 것이라는 희망을 걸어 본다. 아름이가 급우들과 어울리고 싶어 한다는 것을 읽었기 때문이다. 이쯤에서 교사가 해야 할 일은 아름이를 친구가 있는 사회적 공간 안으로 한발짝 다가갈 수 있도록 이끌어 주는 것이다.

우리는 줄넘기하는 소녀를 보는 교사의 방식과 지나가는 사람이 보는 방식을 비교하고 있다. 교사는 학생의 삶에 대해 교육적으로 관심을 가지고 있는 사람이다. 교사는 아름이와 교육적인 관계에 있다. 교사가 해 줄 수는 없지만 교사는 학생을 독자적인 존재로 보고, 스스로 성장하는 전인으로 본다.

어린이 전문가처럼 접근하는 것은 위험하다. 아동심리학자, 장학사, 교육과정 개발자, 인적 지원자, 교장, 학교 상담가, 평가자, 박식한 교수는 모두 어린이를 범주화하고, 어린이에 대해 추상적인 방식으로 생각하여 말하는 경향이 있다. 어린이를 이론적으로 설명하는 아동학은 우리가 어린이를 독자적인 존재로 파악할 수 있도록 도와주어야 한다. 그러나 지금까지 아동학은 우리에게 일반적인 특성을 중심으로 어린이를 분류하고, 선별하고, 바꾸고, 측정하고, 관리하고, 반응하도록 이끌어 왔다.

일전에 나는 '주의력 결핍'인 한 아이와 상담을 한 적이 있었다. 한때 나는 이런 아이를 '행동에 문제가 있는 아이' 혹은 '성취도가 낮은 아이'로만 생각했었다. 아니면 '인지적 기능'에 기초해서 어떤 '학습 스타일'을 가진 아이로만 파악했었다. 그러고는 프로그램 투입, 행동수정, 의학적 치료로 분류해 둔 나의 포트폴리오를 보고 처방을 내렸다. 하지만 이런 방식은 그 아이를 관찰할 수 있는 기회, 그 아이의 말에 진정으로 귀 기울일 수 있는 기회를 놓치는 것이다. 대신 그 아이를 어느 범주에 집어넣는다. 이렇게 하는 것은 그 아이를 감옥에 가두는 것과 같다. 기술적·진단적·교정적이라는 이름으로 아이를 구분하는 것은 정말이지 일종의 유기다.

교사는 어린이 지킴이child‑watcher다. 그렇다고 해서 교사가 어떤 철학적 관점의 영향도 받지 않고 어린이를 '순수하게' 볼 수 있다는 것은 아니다. 누구도 어떤 사상의 영향 없이 어린이를 적절하게 볼 수는 없다. 여기서 말하고자 하는 것은, 교사가 어린이를 보는 방식은 지나가는 사람이나 경찰관 또는 친구가 보는 방식과는 달라야 한다는 것이다. 교사는 어린이를 교육적으로 보아야 한다. 이로써 어린이의 존재 전체를 보아 어린이가 성장할 수 있도록 지켜 주면서 더불어 보호해 주는 진정한 어린이 지킴이가 될 수 있다.

아름이는 자신의 방식으로 행동한다. 그리고 교사는 그런 아름이를 세심하게 지켜보면서 아름이가 학업과 삶을 좀 더 조화롭게 이끌 수 있기를 소망한다. 교사는 아름이에게 적절히 영향을 미칠 수 있는 구체적인 방법을 고민한다.

교사는 가까이 혹은 멀리서 개입하기와 물러서기를 병행하면서 어린이의 성장을 이해한다. 한편으로는 지켜보기도 하고, 모른 척 넘어가기도 한다. 아이에게 관심을 갖고 돌보는 일은 적극적인 개입과 최대한 주관적인 접근 모두가 필요하다. 다른 한편으로, 교사는 어린이가 가지고 있는 한계와 가능성을 총체적으로 볼 줄 알아야 한다. 이를 위해서는 한 걸음 뒤로 물러나 어린이와 거리를 둘 필요가 있다.

여기에 어린이를 파악하는 교사의 방식이 있다. 어떻게 보면 부모의 양육 방식 같지만 그것과는 전혀 다르다. 부모처럼 교사도 어린이의 성장과 성숙, 학업에 관심을 둔다. 하지만 교사의 관심은 어린이 성장의 한 측면에 대한 어떤 구체적인 것이다. 물론 발달을 총체적으로 주시해야 하지만 말이다. 교사는 특정한 표준이나 기준에 근거해서 어린이가 자신의 흥미를 간파할 수 있도록 돕는다.

어떤 면에서 보면 어른과 어린이 간의 가장 개인적인 관계는 육아 관계다. 아버지가 된 남자는 아버지답게 자녀를 보는 법을 배운다. 누가 아버지처럼 아이를 볼 수 있을까? 어머니는 어떤가? 누가 어머니처럼 아이를 볼 수 있을까?

오직 아버지와 어머니만이 아버지답게, 어머니답게 아이 너머 아이를 볼 수 있다. 교사 또한 어린이와 매우 개인적으로 관계한다. 그러나 교사는 교육적으로 관찰할 수 있는 위치에 있다. 다만 한 아이를 알기 위해서는 그 아이에 대한 피상적인 판단을 보류해야 한다. '관찰'이라는 말은 어원상 '보존preserving' '구제saving' '배려regarding' '보호protecting'와 관련 있는 용어다. 교사는 가장 가까이에서 아이를 지켜보면서 아이를 도울 수 있는 사람이지만, 동시에 일정한 거리를 유지해야 한다.

EVERY CHILD
NEEDS TO BE SEEN

지켜본다는 것 >>>>

지켜본다는 것

모든 어린이는 타인이 자신을 알아주기를 바란다. 주목받는다는 것은 '알려진다'는 뜻이다notice는 '알다'라는 noscere에서 유래하였다.

✸ 사례 1

민호가 학교 문을 향해 씩씩하게 걸어간다. 민호에게 학교는 아주 멋진 장소다. 그의 아버지는 몇 걸음 뒤에서 문을 열려고 애쓰는 민호를 바라본다. 민호가 교실에 들어섰을 때 선생님은 한 학부모와 이야기를 나누고 있었다. 민호는 얼른 선생님 옆으로 가서 선생님을 말똥말똥 쳐다본다. 민호는 선생님에게 보여 주고 싶은 것이 있었다.

"선생님, 여기 좀 보세요."

하지만 교사는 민호뿐만 아니라 등교해서 교실로 들어서는 아이들을 쳐다볼 겨를이 없어 보인다.

민호의 아버지는 마음이 편치않다. 그는 이런 일을 자주 목격했다. 어제도 민호가 인사를 하려고 선생님의 옷자락을 끌어당겼지만 선생님은 그때도 한 학부모와 이야기를 하느라 미처 민호를 보지 못했다. 대부분의 학생은 교실에 들어서면, 교사를 지나쳐 곧장 걸어가서 외투를 벗어 건다. 민호과 비슷한 아이 몇 명만이 묵묵부답인 선생님 옆에서 꾸물거리고 있다. 결국 민호는 이를 포기하고 서둘러 외투를 벗어서 건다. 아버지는 윙크를 하며 민호에게 인사한다.

"민호야, 좋은 하루 보내! 나중에 보자."

⭐ 사례 2

현수는 민호와는 다른 학교에 다닌다. 현수도 아버지

와 함께 학교로 들어선다. 아버지는 현수가 부끄러움을 많이 탄다는 것을 알고 있다. 교실 문은 활짝 열려 있고, 선생님은 문 입구에 서 계신다. 선생님은 현수에게 악수를 청하며 따뜻한 아침 인사를 한다.

"현수, 안녕!"

선생님은 현수의 손에 책이 쥐어져 있다는 걸 알아차리고는 얼른 관심을 보인다. 현수의 얼굴에 기쁨과 기대가 차오른다.

그때 현수의 아버지는 한 학부모가 뭔가를 의논하려고 선생님을 기다리고 있는 것을 보았다. 하지만 선생님은 늘 하던 대로 교실로 들어오는 아이들 한 명 한 명을 바라보는 것에 집중하고 있다. 하교할 때도 마찬가지다. 아이들은 선생님과 악수를 나누며 인사말을 주고받는다. 이것은 이 선생님이 아이들과의 일과를 의미 있게 만드는 특별한 방식이다.

앞의 두 사례에 차이가 있어 보이는가? 나는 미미한 차이 정도가 아니라 엄청나게 큰 차이가 있다고 생각한다. 민호 선생님의 안중에 교실로 들어서는 아이들이 없었다고 말하면 너무 가혹할 수도 있다. 그러나 현수 선생님의 경우는 선생님이 아이들을 보고 있다는 것에 그치지 않는다. 아이들 스스로 선생님이 '자신을 지켜보고 있다는 것'을 경험한다는 것에 의미가 있다. 여기서 보고 있다는 것은 알고 있다는 것이기도 하다. 선생님이 보고 있다는 것을 아이가 경험하는 것은 중요하다. 이것은 '나'라는 존재, 학습자로서의 '내'가 여기 있다는 것을 확인하게 해 준다. 물론 본다는 것에 모두 이런 의미가 있는 것은 아니다. 교육적으로 바라보는 것을 정기적으로 경험하는 아이는 행운아다.

진짜 교사는 학생을 어떻게 보아야 하는지를 안다 주저하는 것, 분위기, 기대감을 알아차린다. 이런 면에서 교육적으로 보는 것은 눈으로 그냥 보는 것 이상이다. 나는 내가 맡은 학생을 볼 때 온몸으로 본다. 나의 온몸을 통해서 학생이 하루를 시작하는 방식을 감지한다. 그리고 학생은 교사의 시선을 경험한다. 따라서 학교 일과의 시작과 끝에 학생을 지켜보는 것, 그것은 학생

에게 선생님의 시간과 공간을 함께할 기회를 주는 것
이다.

이런 교사는 각각의 어린이에게 하루의 학교 일과
그 자체가 완전한 것이며, 모종의 분위기나 의미를 갖
는다는 것을 알고 있다. 그날 하룻동안에 일어나는 학
교 일과는 다시 오지 않는다. 모든 학생과 매일 두 번
씩 악수를 하고 미소를 보내며 적절한 인사말을 나누
는 것, 이런 일은 성가시고 귀찮은 일처럼 보일 수도
있다. 하지만 교육에서 손으로 악수하고, 말로 인사하
는 것은 학생과 개인적으로 접촉하려는 교사의 교육
행위다. 어떤 학생과 한 번도 접촉하지 않고 하루를
보내기가 얼마나 쉬운가. 대부분 다루기 힘든 학생이
나 문제아가 교사의 관심을 독차지하기 일쑤이기 때
문이다.

특히 학생들은 학년도 넘나들고, 이 교실 저 교실
로 옮겨다니며 수업이 이루어지기 때문에 선생님의
'시선'을 받지 못한다. 선생님은 학생을 제대로 알지
못하고, 학생은 선생님과 대화 한 번 제대로 못한다.
규모가 큰 학교에서 교사는 매일 수백 명의 학생을

가르친다. 이런 환경에서 교사는 기계적으로 학생을 가르칠 수밖에 없다. 학생의 흥미를 불러일으켜 영감을 주려고 노력하지만 학생이 어떤 호기심을 갖고 있으며, 그것을 어떻게 드러내는지 알 기회가 없다. 이런 교사는 국무회의에 참석하지 않는 장관과도 같다. 이런 교사가 학생의 '가정'을 방문해 본 적이 있을까? 거의 없다.

학교에서 교사와 학생이 만나고 헤어지면서 나누는 인사는 일상적인 일을 넘어선다. 두 사람의 관계나 두 사람이 만나는 상황의 분위기를 결정한다는 점에서 교육적 의미가 있다. 교사는 악수를 하면서 학생의 존재를 느끼고, 동시에 만남의 형태와 내용을 공유한다. 훌륭한 교사는 부끄러운 악수, 소심한 악수, 활기찬 악수, 형식적인 악수, 자신감 있는 악수를 분간한다. 또한 훌륭한 교사는 손을 통해서 말해야 할 것, 넘어가야 할 것, 알아 둬야 할 것을 감각적으로 안다.

악수를 하거나 인사를 하는 동안은 교사는 학생을 위해, 학생은 교사를 위해 존재한다고 해도 과언이 아니다. 세상의 다른 존재가 침범하지 못하는 둘만을 위한 시간이다. 이 만남은 사람과 사람 사이에서 진정한 관계가 맺어지는 순간이다. 우리가 함께한다는 것은 구체적으로 손을 잡아 주거나 웃는 얼굴로 한 사람 한 사람에게 반응하는 것들이다. 미소는 마음을 여는 경험을 하게 한다. 눈이 마주치면 그 순간만큼은 서로를 위해서 존재한다. 학교생활을 마치며 나누는 인사는 하루의 의미를 전달한다. 이와 같은 행동은 하루를 간단히 점검하고 반성할 기회를 준다.

"선희야, 오늘 준호를 아주 잘 도와주더구나." "진희야, 오늘 네가 해 준 이야기 참 재미있었어." "정민아, 오늘 네가 얼마나 열심히 공부를 하던지 선생님은 놀랐어." "단아야, 잘 가. 네가 쓴 책 보여 주기로 한 거 잊지마."

이런 말reflective statement로 교사는 학생에게 어쩌면 학생 자신이 잘 모를 수 있는 그날 하룻동안의 학교생활의 의미를 전할 수 있다.

**THE IMPORTANCE OF
RECOGNITION**

칭찬하는 것 >>>

칭찬하는 것

학생을 인정하고, 알아 주고, 특별하게 여기는 것은 당연한 일이다. 교사가 해야 할 많은 행위 중 가장 중요한 것은 격려하고 긍정하는 것이다. 우리는 흔히 어떤 일로 누군가를 칭찬하고, 판단하고, 평가한다.

칭찬은 학생의 자존감을 형성하지만 교육적으로는 모종의 위험도 있다. 그래서 교사는 무엇보다 칭찬의 긍정적인 면과 부정적인 면을 모두 이해하는 것이 중요하다. 칭찬은 어떤 의미를 두고 해야지 그냥 하는 것이어서는 안 된다. 칭찬을 그냥, 너무 쉽게, 또 너무 자주 하는 것은 교육으로 의미가 없다. 예컨대, 대부분의 학생은 여러 가지 이유로 칭찬받을 만하다. 하지만 때로는 우수한 성취로 한 명 또는 아주 소수의 학생만 칭찬해야 하는 경우도 있다. 바로 여기서 칭찬과 관련된 딜레마가 생길 수 있다.

교사는 모든 학생을, 특히 그들의 노력에 대해 칭찬해 주고 싶지만, 어떤 경우든 모두를 똑같이 칭찬하는 것은 하나 마나한 결과를 가져온다. 또 때로는 한 명만 칭찬해 주고 싶지만, 이런 칭찬이 그 학생을 곤란하게 만들 수도 있다. 이와 같은 상황에 대해 한 고등학생이 쓴 글을 보자.

과학 선생님은 크게 실망했다는 듯이 투덜거렸다. 학생들의 시험 성적은 실로 선생님을 당황과 혼란 속으로 밀어 넣었다.

"맙소사! 내가 너희에게 이렇게 설명을 못했니? 너희 머리가 이상한 것도 아닐 것이고, 희진이, 민석이……이게 뭐야?"

선생님은 분명 어떤 대답을 기대하는 건 아니었다. 아무도 대답하려 하지 않았고, 교실 안은 차가운 물을 끼얹은 듯 조용한 긴장이 퍼졌다. 감히 말을 하는 사람이 없었다. 대부분의 아이는 낙제를 받거나 거의 낙제에 가까운 점수였고, 단지 2~3명의 학생만 간신히 60점을 넘겼다. 과학 선생님에게서는 쌩쌩 찬바람이 불었고, 선생님은 교실을 헤집고 다니시면서 아이들의 성적을 믿지 못하겠다는 듯이, 마치 하나하나 확인하고 싶은 듯이 시험지를 감정적으로 나눠 주었다. 대부분의 학생은 부끄러워했다. 내 차례가 가까이 오자 나는 수치심이 들었다. 암울한 분위기가 온 교실을 가득 덮었다. 나는 마음속으로 이것이 끝이 아니라고 스스로에게 말하며 애써 나를 위로하고 있었다.

'다음에는 더 잘할 수 있을 거야.' 마침내 선생님이 내 책상까지 왔고, 갑자기 목소리를 바꾸셨다. 교실 안의 모든 아이가 알아차릴 만큼 너무도 갑자기 변했다. 모든 눈이 나를 향했다. 그런데 선생님이 밝은 얼굴로 나를 칭찬하는 것이 아닌가.

"아이고, 반가워라! 그래도 너희 중에 한 명은 제대로구나. 그나마 희망이 있다는 걸 보여 주는구나……."

선생님은 시험지를 흔들어 보이고 나서 엄숙하게 내 손에 쥐어 주셨다.

"서하야, 완벽해. 한 개도 틀리지 않았구나!"

나는 간신히 평정을 찾았다. 최악의 점수를 예상했었

는데 최고 점수를 받았다. 거울은 없었지만, 내 얼굴이 빨개졌다는 걸 알 수 있었다. 교실은 여전히 어색하고 조용했다. 선생님이 교탁 앞으로 걸어가는 동안 아무도 말하지 않았다.

나는 시험지를 쳐다보며 고개를 숙이고 있었다. 나는 엷게 번지는 미소를 감출 수 없었다. 안도감인가? 자만인가? 난처함인가? 나는 도저히 친구를 쳐다볼 수 없었다. 내 눈을 의심했다.

자랑스러워야 할 상황에서 이것은 웬 바보 같은 느낌일까?

이것은 학급 전체에 대해서는 질책을, 한 명의 학생에게는 칭찬을 한 이야기다. 교사는 학생 한 명을 골라 칭찬했지만 칭찬받은 학생은 혼란스러워 한다. 성적이 우수한 학생을 인정한 행위가 교사의 입장에서는 긍정적인 행위였지만, 그것은 긍정·부정의 양면성을 가지고 있다. 교육적으로 질문해 보자. 교사의 행동이 적절했는가? 이 같은 칭찬으로 학생은 무엇을 경험했는가?

칭찬이란 말 그대로 알리는 것이다. 나를 칭찬해 주는 누군가는 나의 존재, 나의 실존을 알고 인정해 주는 사람이다. 이것은 복잡한 거리에서 잠깐 지나가는 사람을 주목하는 것과는 다르다. 칭찬이란 결국 그 사람과 그의 정체성을 서로 엮는 것이다. 정체성은 지금 존재하는 자신을 알아차리는 것이다. 우리의 존재와 우리가 어떤 사람인지를 아는 것이다. 이런 점에서 칭찬은 가르치고 배우는 교육에서 중요한 역할을 한다.

자신을 긍정적으로 보게 하는 칭찬은 공적인 일이 된다. 교육에서는 때로 교사가 학생을 사적으로 칭찬하는 것보다 다른 사람들이 보는 앞에서 공개적으로 칭찬하기 때문이다. 따라서 이런 칭찬이 더 효과적이다. 왜냐하면 칭찬 뒤에 따라오는 뿌듯함을 다른 사람들도 목격하기 때문이다.

그러나 칭찬은 편애가 될 수도 있다. 칭찬은 그 사람에게 특별한 가치와 지위를 부여하기 때문이다. 그래서 인정받은 학생은 자신이 우월하다고 느낄 수 있지만, 인정받지 못한 학생에게는 잘난 척하는 것으로 간주되기 쉽다.

얼굴이 붉어지는 것은 당황하고 있다는 표시다. 당황하는 모습을 보여 줌으로써 불균형을 조절하고 칭찬과 뿌듯함이 내는 영향력을 감소시킬 수 있다. 앞서 살펴본 사례에서 그 학생의 감정이 아주 복잡하고 혼란스럽다는 것을 알 수 있다. 서하는 특별함을 느끼지만 또 그 특별함 때문에 당황스러워했다. 교사는 이런 상황을 좀 더 교육적으로 이해할 필요가 있다. 다시 말해서, 교육이란 학생들 사이에 작용하는 적합한 것과 덜 적합한 것을 현실적으로 구별할 줄 아는 것이다.

**THE PEDAGOGICAL
DIMENSION OF TEACHING**

가르친다는 것　>>>

가르친다는 것

다음은 한 영어 교사가 교실에서 있었던 학생과의 대치 상황에 대해 이야기한 것이다.

다희의 옷차림은 거리 여자다. 돌출적이고, 관능적인 입술, 삭발한 머리, 유행하는 제스처, 과장된 눈화장. 다희는 이 학교에서 단연 눈에 띄는 학생이다.

그날은 내가 읽기 수업 일정을 안내하는 첫날이었다. 다희는 어슬렁거리며 교실에 들어와서는 교탁 바로 앞에 자리를 잡고 앉더니,

"나는 못 읽어요."라고 했다.

"정말? 그렇다면 읽기 수업이 네게는 남다른 경험이 되겠는데?"라고 응했다.

학생들이 책을 읽기 시작하자 교실 안의 분위기는 엄

숙해졌다. 조잘거리는 소리, 돌아다니는 소리 대신 침묵이 흘렀다.

나는 다희에게 책이 없다는 걸 알아차렸다. 다희는 의자에 구부정하게 앉아 검지로 책상을 톡톡 치고 있었다. 나는 책꽂이에서 소설책 몇 권을 골랐다. 기적을 기대하는 것이 아니었다. 나는 조용히 다희에게로 가서 말을 걸었다.

"다희야, 가장 거부감이 없는 책으로 골라 볼래? 한번 봐. 수업 끝나기 전에 몇 쪽이라도 읽을 수 있을 거야."

그러자 다희는 거만한 눈으로 한숨을 쉬며 나를 쳐다 보더니 이렇게 말했다.

"알았어요."

나는 골라 온 책들을 다희의 책상 위에 조심스레 놓았다. 하지만 다희는 여전히 의자 끝에 걸터앉아 성의 없이 손가락으로 책장을 넘기고 있었다. 나는 돌아섰다.

몇 분 후, 나는 다희가 책을 펼치는 것을 보았다.

'그래, 됐어!'

지금 나는 그 책으로 다희를 보기 좋게 낚은 느낌이다. 나는 희망에 부푼다. 언젠가 다희는 책 읽는 학생이 될 거야.

이게 무슨 일인가? 다희는 교사의 약을 올렸지만 교사는 교사의 권위를 부리지 않았다. 교사가 묘사하는 내용이 밝기도 하지만 아주 정중하다. 교사는 다희에게 인격적이다. 교사는 다희가 인정받고 싶어 한다는 것을 알아차리고, 이런 이해에 기초해서 주의 깊게 '대응'한 셈이다. 교사는 학생에게 다가가는 방법과 적당한 거리를 유지하는 방법을 감각적으로 맞췄다.

하지만 교사가 무슨 말을 해야 할지 어떻게 알았을까? 어느 정도의 거리를 유지해야 하는지 어떻게 알았을까? 그 적절함을 아는 것, 이것은 이론적인 지식이 아니다. 그렇다고 우리가 알고 있는 전문적인 기술도 아니다. 여기에는 일반적인 원칙이 적용되는 것도 아니다. 다만 교사가 이 상황을 현실적으로 이해하고 받아들이고 교육적으로 행동해야 한다.

이런 점에서 교육적 판단은 관념적이다. 일반적으로 사려 깊은 사람은 경박한 사람보다 상대적으로 어떤 상황에서 더 예민하고 그래서 더 섬세하다. 교육적 판단은 성찰 능력이라고 할 수 있는데, 이것은 과거의 경험을 숙고하는 과정에서 형성된다. 그리고 지금 이 순간 즉각적으로 해야 하는 것에서 무엇이 중요한지를 '감지'하면서 형성된다. 교육적 판단은 학생에게 귀 기울이고, 학생을 인식할 줄 아는 능력에 기인한다. 가르침에 대한 감각은 단순히 기술이 아니다. 오히려 '임기응변적'이다. 다희의 선생님은 이것을 알고 있었다.

다희와 나는 좋은 교사–학생의 관계로 발전했다. 이건 좀 놀랄 만하다. 왜냐하면 다희는 그의 '문제행동' 때문에 과학 선생님, 수학 선생님들과는 잘 지내지 못하기 때문이다. 그러다 보니 다희는 수학이나 과학 공부를 가끔 도서관에서 한다. 그래서 다희는 나와 사서 선생님이 이야기하고 있는 모습을 자주 본다. 우리는 우리 대화에 다희를 끼워 주었다. 때로는 다희가 내 국어 수업이 성공적이었는지 아니었는지를 평가해 주기도 한다.

다희는 명석한 판단력을 지닌 똑똑한 학생이었다. 그래서 자기보다 판단력이 느린 친구들을 보면 바로 모욕을 준다. 다희는 가끔 교실에서 이런 말도 내뱉는다.

"너희는 이런 반복 연습이 필요하지만, 나는 그럴 필요가 없어."

그러고는 책상에 머리를 떨어뜨리고 조는 척한다. 이런 일이 일어나고 며칠 후 나는 다희와 신중함에 대해서 대화를 했다. 다희는 내가 자신의 일을 다하고 토론에도 참여하기를 바란다는 것을 알게 되었다.

그래서인지 다희는 진지하게 공부에 임한다. 지난주의 일이다. 다희는 수업이 시작하기 전에 내게 이런 말을 했다.

"선생님도 아시겠지만, 이 두 개의 질문이 어려워요."

"걱정 마, 다희야. 그렇잖아도 수업 시간에 그 문제에 대해 토론할 참이야."

나는 문학 독해 수업을 시작하면서 학생들에게 이렇게 말했다.

나는 "이 질문이 여러분에게 어렵다는 걸 알아. 추론은 항상 명확하지 않기 때문이거든. 몇 분 전에 다희가 특히 두 가지 질문이 어렵다고 말하더구나. 너희 중에도 비슷한 생각을 한 사람이 있니?"

나는 열의를 가지고 토론을 시작했다. 그러나 채 10분도 안 돼서 다희는 얼굴이 벌개진 다른 학생을 조롱하고 할퀴며 교실 전체를 휘저어 놓기 시작했다. 그 순간 소위 말하는 가르침에 대한 나의 열정이 순식간에 식어 버렸다.

　나는 수업을 멈췄다. 교실 안에는 긴장이 감돌았다. 나는 다희를 노려보며 날이 선 목소리로 다그쳤다.

　"당장 그만두지 못해? 네가 다른 사람에게 피해를 주고 있잖아."

　나는 허둥지둥 수업을 마쳤다. 나는 실망을 넘어 배신감이 들었다. 학생들이 교실을 떠난 후, 나는 다희에게 말했다.

　"좋은 수업이 아니었어."

　다희는 응수했다.

　"예! 저도 알아요."

　하지만 며칠 지나지 않아 내가 무슨 짓을 했는지 깨달았다.

교사의 적절치 못한 말이나 생각 없이 한 말이 교실

에서 교사-학생 간의 관계를 망칠 수 있다는 것이 진부하게 들릴지 모르겠다. 다시 본론으로 돌아가면, 교실에서 교사-학생 간의 관계가 변하면 교사의 교육학적 능력이나 교과 지식에 대한 신념을 근본적으로 바꾸어 놓을 수 있다.

아이를 가르치기 위해서 교사는 배려와 민감성을 발휘해야 한다. 하지만 이런 민감성을 설명해 주는 교육학 관련 책은 거의 없다. 왜 없을까? 이것은 단도직입적으로 설명할 수 없기 때문이다. 그러나 예시나 일화를 통해 우리는 교육학적 민감성을 설명할 수 있다. 내가 지금 시도하고 있는 것이 바로 그것이다. 나는 교육학적 민감성이란 상황을 감각적으로 아는 것 sensitivity, 상황에 맞추는 것 attunement이라고 생각한다.

어떻게 하면 가능할까? 우리가 교육적 판단력을 계발하고 연습할 수 있는 방법은 먼저 지식의 원천 전제을 이해하는 것이다. 육체와 정신이 얼마나 밀접하게 연결되어 있는가! 눈은 영혼의 거울이라고도 한다. 이 말은 곧, 사람은 내부의 거울이고, 세상은 외부의 거울임을 뜻하는 것이기도 하다. 감각을 통해서 우리는 보고, 듣고, 만지면서 어린이라는 존재와 관계를 맺는다.

예컨대, 얼핏 본 것을 어떻게 경험하는지 생각해 보자. 언뜻 보면서 우리는 보기도 하고, 보이기도 한다. 영혼은 얼핏 자신을 보여 주거나 표현한다. 따라서 우리는 사랑하거나 미워하면서, 믿거나 두려워하면서, 따뜻하거나 냉정한 가운데, 동경하거나 혐오하면서, 혹독하거나 관대하면서, 자신감에 차 있거나 불안해하는 가운데, 친절하거나 무관심하면서, 희망 혹은 절망 안에서, 솔직함이나 속임수와 같은 시선으로 다른 사람의 영혼을 얼핏얼핏 본다.

타인을 알려면 그를 보아야 한다. 그리고 타인이 얼핏 보여 주는 것을 통해서 그가 우리를 어떤 모습으로 알고 있는지까지도 알 수 있다. 하지만 진정으로 타인을 알기 위해서는 보는 능력과 보이는 능력, 그리고 그것을 알아차리는 능력이 필요하다. 어린이들을 대할 때는 사소한 것이라도 눈여겨 보아야 한다. 특히 우리는 때에 따라서 의미심장한 윙크가 백 마디 말보다 더 결정적이라는 것을 알고 있다. 감각이 있는 교사는 침묵해야 할 때, 사소한 제스처가 더 적절할 때, 그냥 웃고 넘어가야 할 때를 안다. 침묵이 말해 준다는 말처럼 가끔은 편안하게 말없이 함께할 때 학생과 최고의 순간을 맞이하기도 한다.

그리고 바로 그때 학생은 앎에 대한 열정을 경험한다. 열광적이지도, 열정적이지도 않지만 교사가 생각하고 느끼고 행동하는 방식 속에 지식이 어떻게 흡수되는가를 감지한다. 나는 가르침의 의미를 지식의 형식으로 설명하기 힘들다는 것을 보여 주고자 한다.

한 학생이 교실에서 겪은 일이다.

9월 초 막 한 학기가 시작되었다. 과학 선생님이 교실에 들어설 때 교실 창문으로 들어온 햇빛 한 줄기가 전면 벽을 비췄다. 선생님도 그것을 금방 알아차렸다. 선생님은 햇살을 응시하며 천천히 걸었다. 선생님은 교실 앞쪽에 서서 팔짱을 낀 채 미소를 머금고는 그 현상을 눈여겨보셨다. 햇살은 마치 아주 긴 손가락으로 그린 그림처럼 기다란 삼각형을 그리고 있었다. 선생님은 빛의 반사와 프리즘에 대한 수업을 시작했다.

몇 분이 지나자 마치 누군가가 전원을 꺼버린 것처럼 갑자기 햇살이 사라졌다. 선생님은 이와 관련된 수업이 봄 학기를 마무리 할 즈음에 있을 것이며, 그때 우리는 이 햇살을 다시 볼 수 있을 거라고 말했다. 그리고 우리가 배운 것은 기말 과학 시험을 통해 검토할 것이라고 하셨다.

"우리는 과학 시간에 우주의 시간을 누빌 거야."

이 말씀을 하실 때 선생님의 입과 눈에는 미소가 감돌았다. 나는 꼼짝할 수 없었다. 몇몇 아이들은 알겠다는 듯이 웃음을 지었다. 나는 선생님의 말씀을 다 이해하지 못했다. 하지만 선생님의 말씀이나 행동에 흥미를 가졌다.

그 해는 빨리 지나갔다. 과학은 내가 가장 좋아하는 과목이 되었다. 한 학기 동안 거의 모든 학생이 교실에서 수업과 과제를 즐겼다.

어느 날, 과학실에서 라이트 박스역자 주: light box－필름이나 투명 양화(陽)를 불투명 유리 위에 놓고 관찰하기 위해 쓰이는 상자 모양의 조명 기구에서 마치 마술처럼 쏟아지는 믿을 수 없을 만큼 눈부신 광선을 보았다. 교실은 완전히 충

격의 도가니였다. 그 광선은 그때 그 벽, 정확히 같은 위치에 강렬하게 나타났다. 마치 우리에게 미지의 메시지를 전하려는 듯한 커다란 느낌표나 암호 같았다.

선생님은 과학실 안으로 오셔서 불가사의하다는 듯이 칠판에 반사된 광선을 쳐다봤다. 우리는 선생님과 함께 미소를 지었다. 우리가 선생님과 함께 마술을 부리는 것 같았다. 선생님은 고개를 가볍게 끄덕이시더니 말없이 교탁으로 가셔서 학습지를 나눠 주시고는 복습을 하라고 하셨다.

재밌는 책을 다 읽었을 때처럼 막연한 아쉬움이 밀려왔다.

여기서 본 정체불명의 순간은 이 교사가 가르치는 과학에 대한 그의 접근법을 상징한다. 이런 접근은 학생에게 열망교사가 한 것처럼 과학의 세계를 이해하고 싶은 열망을 갖도록 한다. 학생은 과학과 과학 선생님 안에서 자신을 인식한다.

얼핏 보이는 것은 교육적 관계가 형성되는 영적인 순간이다. 누군가를 가르치기 위해서는 이런 섬광을 볼 줄 알아야 하고, 이를 기초로 행동해야 한다. 다시 말해서 가르칠 줄 아는 능력을 습득하는 것은 단순하지 않다. 가르침에 대한 지식은 머리를 쓰는 것이 아니라 지적인 활동이다. 이것은 체험을 필요로 한다. 진정한 교육은 총체적 존재로서 어린이가 세계를 체험하도록 누군가가 세심하게 조율해 주는 것이다.

부추겨 줄 필요가 있는 어린이에게 힘이 되어 주는 것이다. 우리는 지도와 조언을 해 주면서 그 순간에 우리가 느끼는 것을 은연중에 표현한다. 그리고 바로 그 순간에 우리는 서로를 알게 된다. 냉혹한 현실이다. 이런 교육적인 순간은 우리가 원할 때 바로 만들기 쉽지 않다.

교육적 순간glance의 본질을 이해해야 하는 이유가 바로 이 점에 있다. 우리는 한편으로는 예민하고 섬세하게 '보는 것'을 배워야 한다. 다른 한편으로는 우리가 표출하는 순간을 쉽게 표착해야 한다. 매 순간 어린이와 교사는 서로의 표정에서 불안함, 감동, 지겨움, 흥미, 혼란 등을 읽는다. 어린이는 우리가 입으로 말하는 것보다는 눈으로 말하는 것을 더 습관적으로 알아차린다. 만약 말과 눈이 서로 다르면 어린이는 입보다 눈을 더 믿는다. 물론 말보다 입이 그 사람을 더 잘 알려 주지만 말은 위장하거나 가장하기도 쉽다. 그래서 만약 당신이 어떤 사람이 무엇을 느끼고 있는지 알고 싶다면 그가 하는 말보다는 그 사람의 몸, 특히 입을 보라.

떠들썩한 교실을 가만히 지켜보라. 초임 교사는 전형적으로 떠들썩한 교실에서 '생활지도discipline'를 어떻게 해야 할지 모르고, 그래서 학생을 질책하거나 무시한다. 또 다른 교사를 보자. 이 교사는 단 한마디로써 교실 분위기를 안정시켰다. 한 교사는 아무리 애를 써도 어떤 효력조차 발휘하지 못하였는데, 또 다른 교사는 바라보는 것만으로도 교사로서의 권위를 세운다. 교실의 분위기를 다루는 이런 교육적 행위를 어떻게 배울 수 있는가? 다른 사람이 배울 수 있도록 '입문서'를 쓸 수는 없는가? 교육적 순간을 알아차리는 일을 지도 기법 정도로 인식하는 것은 그것을 일련의 지식으로 보기 때문이다. 어떤 교사는 어떤 순간에 교육적으로 대응하는데, 또 다른 교사는 그렇지 못하다.

교육적 순간을 알아차리는 것은 교실을 이해하는 교사의 교육적 이해 방식이고, 교실에서 생활하는 교사의 생활 방식이다.

물론, 교사는 위협이나 공포, 억압을 이용해서 교실을 단숨에 정리하기도 한다. 그러나 이런 권위를 교육적인 권위라고 보기는 어렵다. 따라서 우리는 학생들이 처한 순간을 잘 포착해서 교사로서 우리가 학생에게 어떻게 행동해야 하는지를 익혀야 한다.

THE PEDAGOGICAL
SIGNIFICANCE OF DISCIPLINE

훈육한다는 것　>>>

훈육한다는 것

교육행위 능력을 키우기 위해서는 '훈육'의 의미를 생각해 볼 필요가 있다. 훈육이란 교실이 얼마나 질서 정연한지만을 의미하지는 않는다. 훈육은 우리 스스로 질서를 얼마나 잘 지키는가를 가늠하는 것이기도 하다. 또한 훈육은 사람들과 어떤 문제에 대해 대화하는 방식, 생활하는 방식이다. '훈육'의 어원은 라틴어로는 'docere'로서, '따르다, 배우다, 가르치다'를 의미한다. 훈육은 어떤 사람이 훌륭한 사람이나 그의 언행을 본받는 것이다.

교양 있는 사람은 한편으로는 '질서'를 배우는 사람이고, 다른 한편으로는 질서에 영향을 미치는 사람이다. 따라서 교사도 학생만큼이나 많이 배워야 하는 사람이다. 배움과 훈육을 배제하고는 학교의 존재 이유

를 증명하기 힘들다. 또 학생이 스스로를 훈육하는 것
도 실제 학습이다. 이것이 바로 교실에서의 훈육이 교
육받는 존재와 배우는 내용과 분리될 수 없는 이유다.

'훈육'은 체벌하는 것, 규율을 지키도록 하는 것만이
아니다. 인류학자이며, 역사 과학자인 로렌 아이슬리
Loren의 최근 작 「불가사리를 던지는 자The Star Thrower」
에서는 훈육을 지금까지와는 다르게 설명한다.

한 남자가 해변을 따라 걷고 있었다. 밀물에 밀려온
조개껍데기와 불가사리들이 뒤덮인 해안에서 그것들을
모으고 있는 사람들이 있었다. 잠시 후, 사람들은 주워
모은 조개와 불가사리를 냄비 속에 넣어 끓였다. 남자
는 주변을 둘러보다가 저쪽에 혼자 있는 한 아이를 발
견했다. 그 아이는 모래 속에 있는 뭔가를 응시하고 있
었다. 그러더니 그 아이는 부서지는 파도 너머로 무엇
인가를 던졌다.

남자는 가까이 가서 그 아이를 지켜보았다. 불가사리
한 마리가 모래 웅덩이 안에서 헤어나려고 발버둥을 치
고 있었다. 아이는 빠르면서도 부드럽게 불가사리를 하

나씩 집어서는 바다로 던지고 있었다.

"바닷물을 만나면 이 불가사리는 살지도 몰라요."

아이가 남자에게 말했다. 남자는 좀 당황했다.

"이걸 다 어떻게 살리니?"

남자의 물음에 아이는 생명의 위협을 받고 있는 불가사리들을 응시하며 대답했다.

"그래도 요놈에게는 중요한 일이죠."

이 이야기를 하는 이유는 과학 교육의 핵심은 인간에게 유용한 방식으로 자료를 수집하고, 분류하는 것이 아니라는 것을 지적하려는 것이다. 진정한 과학자는 불가사리를 살리기 위해 바다로 그것을 '던지는 사람'이다. 즉, 보존하고 복구하는 사람이다. 자연을 지키고 생명을 보호하는 방식으로 자연의 본성을 이해하는 사람이다. 불가사리를 던지는 사람이 진정으로 교육받은 사람이다. 그는 불가사리의 말을 들을 줄 아는 사람, 즉 불가사리의 본능을 이해하는 사람이다.

교육행위 능력을 갖추기 위해서는 교육학적 언어나 지식뿐만 아니라 교육의 본질을 이해해야 한다. 대부분의 교사는 학교나 교실에서, 교사와 학생 사이에서, 복도나 행정실, 운동장과 같은 학교의 구석구석에서 말로 표현할 수 없는 교수와 학습이 매일 일어나고 있다는 것을 알고 있다. 이것을 알아차리는 것은 교육학적 지식 때문이 아니라 그런 지식에 대한 경험 때문이다. 이것은 인지적 지식이라기보다는 공감적인 지식이다. 이것은 합리적이라기보다는 감각적이다. 즉, 느끼는 것이다.

가르침은 교사의 존재 양식과 관계에 대한 인식에 의존한다. 또 매일 반복하는 일상적인 상황이나 우발적인 상황에서 무슨 말과 어떤 행위를 해야 하는가를 아는 민감성에 의존한다. 이런 것을 공감하는 지식이 바로 교사의 교육행위 지식이다. 가르침에 대한 지식이 외부에서 만들어진 것이라면, 그런 대부분의 지식은 실제 교수에 거의 영향을 미치지 못한다.

우리가 할 일을 설명할 때 공감적인 측면보다 인지적인 측면을 묘사하는 것이 더 쉽다. 인지적인 측면은 사물의 특징을 지적 · 개념적 · 논리적으로 설명하면 된다. 예컨대, 우리는 학교나 교회 같은 건물 또는 공간을 문화적인 용어나 기능적인 용어를 사용해서 물리적인 특징을 설명하면 된다. 하지만 이런 공간도 자체의 분위기와 감각, 느낌 같은 공감적 측면을 갖고 있다. 더구나 이런 요소들은 고착된 것이 아니라 경우에 따라 변한다. 이런 점에서 우리는 학교, 교실, 학습 환경을 공감적 측면이라고 할 수 있다.

만약 가르침이나 교육에 공감하는 연구를 하고자 한다면, 이런 이해를 표현하고 소통할 수 있는 언어가 필요하다. 이런 언어는 삶에 대한 생생한 경험을 원천으로 한다. 예를 들어, 수업에 대한 실제 이야기는 가르치는 행위, 상황, 관계에 대해 교육적으로 생각해 볼 기회를 준다. 교사에게 필요한 지침은 성인-아동 간의 일반적인 관계가 아니라 교사-아동 간의 관계를 형성하도록 하는, 어린이와 더불어 존재하도록 하는 교육적인 것이어야 한다. 이와 같은 지침은 교사로 하여금 스스로에게 '이 아동과 관계하려면 혹은 이 상황을 교육적으로 만들려면 내가 어떻게 해야 할까?'라는 질문을 하게 한다.

교사는 어린이를 위한 존재지만 어린이의 사랑을

받거나, 어린이와 친해지기 위해서 존재하는 사람이 아니다. 연인 사이에는 사랑, 친구 사이에는 우정이 있듯이 교사에게는 교육이 있다. '진정한' 교사는 '교육이란 무엇인가' '교육한다는 것은 무엇인가?' 하는 식의 질문에 답하는 방식으로 행동한다. 사랑하는 연인들이 삶 속에서 그들의 사랑을 계속 증명해야 하듯이, 교사는 삶 속에서 살아 있는 교육의 의미를 계속 증명해야 한다. 하지만 교육의 문제는 대부분의 경우 사전에 그 상황을 알기도 힘들 뿐더러 예측하기도 어렵다.

처음 부모가 된 사람이나 초임 교사는 생각하는 것도, 행동하는 것도 미숙하다. 중요한 순간에 직면했을 때, 그들은 먼저 '책에서는 뭐라고 했지?'를 생각하는 경향이 있다. 그리고 그들이 알아낸 것을 실행에 옮길 때면 그 중요한 순간은 이미 지나가 버린다. 하지만 이것과는 반대로, 전문가들은 먼저 그 순간에서 조치를 취한 다음 생각한다. 전문가들은 직감적으로 행동한다. 달리 말하면 경험이 있는 교사는 중요한 그 순간에 교육적으로 행동한다.

자기가 임신했다는 것을 알게 되는 순간부터 여성은 달라진다. 그녀의 자궁만 변하는 것이 아니라 그녀의 몸, 삶, 존재 자체가 변한다. 전에는 어린 아이에게 관심이 없었지만 지금은 주변에 있는 모든 어린이를 유심히 보게 된다. 어떤 여성은 평소에 무심했던 어린이를 보고는, 안아 주고 싶은 충동을 느끼기도 한다. 임산부가 엄마가 되려면 자신의 몸과 마음을 훈련시켜야 한다.

교사도 마찬가지다. 교사는 스스로를 가르치기 적절한 상태로 만들어야 한다. 교사의 눈으로 어린이 책을 읽으려고 노력해야 한다. 이런 식으로 교육에 대한 감각을 습득하려고 노력해야 하고, 이렇게 습득한 감각을 교육행위가 필요한 순간에 발휘할 수 있어야 한다.

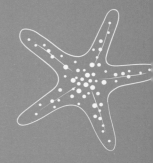

HOW DO
CHILDREN EXPERIENCE
OUR PRESENCE?

교사를 경험하는 것 >>>>

교사를 경험하는 것

학생은 교사의 말이나 행동이 모순적일 때 놀랄 정도로 빨리 알아차린다. 예를 들어, 교사가 자신들을 사랑하는 척할 때 그것에 길게 속지 않는다. 어린이도 교사가 열정적인 척하거나 전문가인 척하는 것을 그리 어렵지 않게 알아차린다. 학생들은 자신이 누구인지, 무엇에 대해 말하고 있는지도 모르고 기계적으로 가르치는 교사를 교사가 이 사실을 알든 모르든 간에 진심으로 받아들이지 않는다. 학생은 '저 선생님은 진짜 선생님이 아니야.'라고 생각한다.

자신 있는 것처럼 보이고 싶어 하는 젊고 미숙한 교사는 얼마 가지 않아서 자신의 정체를 들키고 만다. 교사의 서투른 몸짓, 어색한 자세나 시선을 본 학생들이 이를 금방 감지하기 때문이다. 학생들은 이런 점을 교사의 제스처, 표정, 눈을 통해서 알아낸다. 진짜 교사는 학생들에게 영향력 있게 존재할 줄 안다. 어떤 학생에게 또는 어른에게 교사로서 존재한다는 것이 어떤 것인지 살펴보자.

사람의 행동거지를 보면 그 사람을 안다는 말이 있다. 내 경험에 비추어 볼 때, 우리가 누구인가를 설명하기보다는 우리가 하는 일을 설명하는 것이 좋다.

- 만약 교사가 수업의 목표는 잘 알지만, 학생이 지금 배우고 있는 것에 대해서는 잘 모른다면,
- 만약 교사가 시에 대해 이야기하지만, 삶을 시로 표현할 수 없다면,
- 만약 교사가 책임감은 강하지만, 책임 있는 삶을 살지 않는다면,
- 만약 교사가 학생의 성적은 매기지만, 교사로서 자신의 성적을 매길 줄 모른다면,
- 만약 교사가 학생들이 좋아할 만한 것만 하려고 하고 정말 가르쳐야 할 것을 가르치지 않는다면,
- 만약 교사가 학생들을 웃기는 유머감각은 있지만, 삶

을 즐길 줄 모른다면,

- 만약 교사가 말은 잘하지만, 그 말의 대부분이 공허하
  다면,
- 만약 교사가 수업은 잘하지만, 학생을 제대로 알지 못
  한다면,
- 만약 교사가 세상을 알려만 주고 책임지지 않는다면,
- 만약 교사가 교육하는 목적은 열거하면서, 그것을 학
  생에게서 이끌어 내지 못한다면,
- 만약 교사가 자신의 교과를 다른 교과와 통합하지만,
  전체를 보는 안목이 부족하다면,
- 만약 교사가 학생에게 많은 질문을 하지만, 정작 질문
  에 관심을 갖도록 이끌지 못한다면,
- 만약 교사가 권위 있는 행동은 하지만, 어떤 권위가
  교육적인 것인지를 모른다면,
- 만약 교사가…… 아마 끝없이 계속할 수 있을 것이다.

교사를 잘 관찰해 보면, '교사 자신의 삶'과 학교에
서, 교실에서 학생들과 '교사로서 생활하는 방식'이 서
로 모순일 때가 많다는 것을 쉽게 알 수 있다. 또 이렇

게 말할 수도 있다. 보이는 것과 다르다면 거기에 교사의 존재는 없는 것이며, 실제로 학생에게 교사는 부재중이다.

우리는 의미있게 존재하지 않으면서도 물리적으로는 학생들 앞에 존재할 수 있다. 역으로 물리적으로는 학생들과 함께 있지 않지만, 우리의 삶에 학생들이, 또 학생들의 삶에 우리가 존재할 수 있다. 어떤 학생은 집에서 숙제를 하고 있을 때, 선생님이 자기 뒤에서 지켜보고 있다는 것처럼 느낀다. 또 교사도 낮에 있었던 일 때문에 어떤 한 학생이 그의 뇌리에서 떠나지 않을 때가 있다.

싫든 좋든, 긍정적이든 부정적이든 어른은 아이에게 한 인간으로 존재하는 하나의 사례가 될 수밖에 없다. "부모님은 절대로 그렇게 안 하시면서 어떻게 저한테는 그렇게 하라고 말씀하실 수 있나요?" "제가 하고 있는 공부에는 상관하지 않으시면서 제 성적표에는 왜 그렇게 관심이 많나요?" "할머니 뵈러 갈 차비도 없다면서 어떻게 새 차를 살 돈이 있죠?"라고 아이가 말한다면, 당신이 그 아이에게 그렇게 사는 방식을 가르친 것이다.

어른이 아이의 행위 모델이 된다는 것은 아이에게 가르치고 싶은 것뿐만 아니라, 모든 것을 가르치는 생생한 사례가 된다는 것을 의미한다. 이때 어른은 아이의 인생에 중요한 교육적인 존재라는 의미다. 어른은 정보나 지식을 가르치는 교사도, 상투적인 텔레비전 영웅도, 인기 있는 운동선수도, 만능 부모도 아니다. 그들은 스승pedagogue, 즉 진정한 교육자다. 사려 깊은 부모나 교사는 젊은이에게 가치 있는 삶의 비전이나 의미 있는 성인상을 보여 주며 존재한다.

사실, 이런 모델링 과정이 학습이다. 원래 '학습한다'는 것은 배우는 것뿐만 아니라, 가르치는 것 혹은 배울 수 있도록 해 주는 것을 의미한다. 정확하게 말하면, 어떤 사람이 뭔가를 '배우도록 한다.'고 할 수 있다. 독일어에서 '학습'은 가르침과 배움을 포함하는 의미다. '교사'는 learaar이고, '학생'은 leerling이다. 어원상, '배우다to learn'는 먼저 지나간 이의 과정, 길, 발자취를 따르는 것이다. 이런 관점에서 '배우'도록 이끄는 교사나 부모는 '배우고 있는' 학생보다 나은 학습자

여야 한다.

우리는 아이에게 모든 것을 보여 줄 수는 없다. 내가 수학 혹은 문학이나 역사 교사라면, 교과를 통해서 내가 가르치는 교육적 가능성과 책임을 가르친다. 학생에게 문학이나 역사를 가르친다는 것이 무엇인가? 문학 교사는 시인이나 위대한 시에 대해 많은 이야기를 끝도 없이 할 수 있다. 분명 특정 과목을 안다는 것은 인류의 문화유산으로서 교과의 지식을 안다는 것이다. 또 우리가 아는 방식으로 그것과 우리의 관계, 우리와 그것의 관계를 안다는 뜻이다.

교과의 원천을 잘 알고 있거나 진지하게 알고 있다고 해서 교과를 아는 것은 아니다. 교과를 안다는 것은 교과가 알려지는 방식, 교과가 사랑받고 존중받을 수 있는 방식으로 교과의 지식을 습득할 줄 아는 것이다. 우리는 학교에서 교과를 배운다. 또 우리가 교과를 통해서 이런 것을 배우는 것도 사실이다. 이렇게 아는 것이 우리가 교과를 진정으로 아는 것이다. 교과는 관계를 만든다. 교과에 대한 우리의 반응과 다가감은 학생과 교과 간의 관계에 중요한 영향을 미친다.

교과를 아는 것은 이런 것의 의미를 아는 것이다. 모든 해석이 관계 형성을 위한 행위임을 알게 될 때, 우리는 놀라운 결론우리가 아는 만큼, 우리가 하는 만큼 설명할 수 있다는 결론에 이르게 된다.

물H2O은 화학적이고, 물리적인 것이다. 그러나 우리 몸에 차가운또는 불편한 비도 또한 물이다. 또한 물은 물고기와 새들의 서식지이기도 하며, 식량 재배의 필수품, 돈을 버는 자원, 전쟁의 원인, 아름다운 폭포, 종교적으로는 은총을 내리는 은물이기도 하다.

교사가 자신이 가르치는 교과에 대해 얼마나 많이 아느냐 모르느냐 하는 것이 교육에서 그리 중요한 문제는 아니라고 생각하는 사람도 있다. 잘 가르치는 것은 내용만이 아니라 존재방식스타일의 문제이기도 하다. 실제 학교에서는 국어 시간에 체육 교사가, 또는 역사 교사가 과학을 가르치기도 한다. 단, 부인할 수 없는 것은 바로 '당신이 가르치는 것은 바로 당신'이라는 것이다. 수학 교사가 수학만 가르치는 것은 아니다 또 그래서도 안 된다. 진짜 수학 교사는 수학을 체험하고 내면화하며, 수학에 대한 감각이 있는 사람으로 존재하며 그 존재 자체가 수학을 가르치기도 한다. 이것을 기준으로 학생들은 '저 교사는 진짜야, 가짜야.'라는 말을 하곤 한다. 사실 체험하지 못한 것을 자신의 스타일로 만드는 것은 불가능하다. '저것은 내 스타일이 아니야.' 하는 말은 '내 방식이 아니야. 내가 아니야.' 라는 뜻이다.

교과의 스타일은 교과를 아는 방식을 표현하는 용어다. 우리는 문학, 수학 또는 과학에 대한 수많은 지식을 습득하지만, 우리가 체화한 지식만 우리 존재의 일부가 된다. '진짜' 국어 교사는 읽고 쓰는 것을 사랑할 뿐만 아니라 그 사랑 자체가 국어처럼 느껴진다. '진짜' 국어 교사는 세상을 시로 표현한다 그것은 말이 가지고 있는 함축적인 힘을 통해서 인간의 경험을 깊이 만나는 것이다.

학생이 이야기하는 독보적인 선생님 또는 가장 잘 배울 수 있었던 선생님학생이 닮고 싶어 하는 선생님을 통해서 교사의 존재를 규정해 보자. 학생이 말하는 이야기나 일화에는 공통점이 있다. 그들이 말하는 교사는 일반적으로 공정하고, 참을 줄 알고, 잘 돌봐 주고, 대화가 통하고, 지도와 조언을 잘하고, 유머감각이 있고,

학생에게 관심이 있고, 학생들을 잘 알고, 잘 가르친다.

하지만 이렇게 보이지 않는 것들을 알기란 쉽지 않다. 수준 높은 교사일수록 그들의 교육적인 민감성, 각 학생에게 무엇이 최선인지를 아는 감각, 학생의 삶과 열정에 대한 통찰력이 있다. 또한 삶과 수학, 국어, 사회, 미술, 과학을 연계시키는 감각도 있다.

학생이 선생님의 신뢰와 믿음을 얼마나 얻고 싶어 하는지를 이야기할 때, 이 이야기에는 깊은 신뢰와 믿음이 없는 선생님은 더 이상 교육자가 아니라는 의미도 포함되어 있다. 학생은 '선생님이라면 가르치는 것을 좋아해야 하고, 유머감각도 있어야 하지만 항상 재밌거나 바보 같은 우스갯말은 하지 않는다.'는 것도 알고 있다. 교사는 삶에 대해, 세상에 대해, 교사와 학생을 세상으로 안내하는 교과에 대해 조언할 줄 알고 그것을 즐길 줄 알아야 한다. '학생과 관계하는 방법'을 알아야 한다고 할 때, 이 말은 교사가 학생들 앞에 한 인격으로 존재하고, 학생을 한 사람의 인격자로 대해야 한다는 의미다. 학생들이 말하기를, 교사는 '학생이 요구하는 것을 알아야' 하고, '숙제를 도와주어야' 하고, '학생들을 위한 시간이 있어야' 하고, '학습지만 던져 주고 교실을 나가서는 안 되고' '오래 참아야' 하고, '아이를 포기해서는 안 된다.'고 말한다. 이는 학생들이 요청하는 교육의 요소다. 학생을 포기하고, 학생에게 희망을 찾아 주는 법을 모르는 교사는 학생에게 교사로 존재하지 못한다. 학생은 "좋은 선생님은 우리가 어떻게 배우는지를 알아요." "좋은 선생님은 우리가 수학, 과학, 국어를 좋아하게 만드는 법을 알아요." "좋은 선생님은 열정적으로 가르치세요."라고 말한다. 그들이 말하는 것이 바로 교사의 의미다. 좋은 선생님은 그냥 수학이나 시를 가르치지 않는다. 좋은 선생님은 그가 가르치는 수학이나 시 자체다.

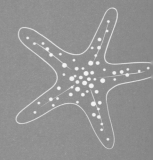

THE POWER
OF ATMOSPHERE

분위기가 교육적인 것 >>>

분위기가 교육적인 것

한 남자가 컴퓨터를 하고 있다. 그는 마감이 임박한 업무를 처리하느라 바싹 긴장해서 몰두하고 있다. 그의 아들 문수가 한쪽 구석에서 놀다가 머리를 부딪혔다. 다치지는 않은 것 같다. 그럼에도 문수는 울며 아버지에게로 온다. 문수의 아버지는 바로 의자에서 일어나 문수를 무릎에 올려 앉힌다.

"어이쿠, 우리 아들이 많이 아팠겠구나. 아빠가 '호' 불어 줄게. 이제 괜찮지?"

하지만 이건 잠시뿐, 곧 아버지는 아들이 자신의 일을 방해한다고 느낀다. 그것은 아버지의 목소리나 몸짓에서 묻어난다.

이때 문수는 두 개의 메시지를 접한다. 하나는 '이리로 오렴. 내가 도와줄게.'이고, 다른 하나는 '아빠가

지금 정말 바쁘니, 제발 나 좀 봐줘.'다. 이 상황은 금방 끝이 난다. "엄마한테 가서 다친 곳을 보여 주렴." 문수는 금세 낌새를 알아차린다. 거의 매일 일어나는 일이다. 삶은 분명하지도 않을뿐더러 논리적이지도 않다. 어린이가 이런 불확실성과 불안정을 경험한다고 놀랄 일은 아니다.

분명한 것은 항상 교육적인 태도로 어린이를 대하는 것은 불가능하다는 것이다. 그러니 지나치게 자책할 필요까지는 없다. 때로는 의기소침한 날도 있고, 학교에 가고 싶지 않은 날도 있고, 아무것도 하고 싶지 않은 날도 있다. 또 일진이 좋지 않아서 실수를 하거나 실패하는 날도 있다. 정말 잘하고 있다고 생각하다가도 때로는 잘못 생각했다거나, 무식하게 행동했다거나, 제대로 하지 못했다고 낙담하기도 한다. 사실 우리가 아이에게 실수를 하거나 잘못하는 일을 모두 피할 수는 없다. 가르침은 단순히 기술을 사용하는 그런 일이 아니기 때문이다. 오히려 교육의 차원에서 가르침은 양육도 마찬가지로 전적으로 도덕적이고, 정서적이고, 관계적이기 때문에 분위기를 탄다.

어머니가 "스케이트나 수영하러 갈래?"라고 말하지만, 어머니의 목소리 톤이 낮고 힘이 없으면, 자녀들은 어머니가 갈 마음이 없다는 것을 금방 안다. 어머니는 이미 피곤해하고 있다. 분명하지는 않지만, 이런 분위기의 메시지는 금세 아이에게 전해진다.

분위기는 모든 가정과 교실, 그리고 학교에 있다. 이런 분위기가 학교에 영향을 미치는지 아닌지, 그 분위기가 교육적인 것인지 여부에 관심이 있는 것은 아니다. 중요한 것은 어떤 분위기가 적절한가, 어떤 분위기가 가치 있는가 하는 것이다. 글자 그대로 '분위기'atmosphere는 수중기역자 주 atmo – 증기, 공기처럼 모든 것에 영향을 미치며, 모든 것을 둘러싸 버린다. 교회는 초탈한 듯한 분위기를, 카바레나 술집들은 관능적인 분위기를, 높고 으리으리한 건물들은 아찔함을 느끼게 한다. 또 어느 도시를 여행온 관광객도, 그 도시의 분위기를 금방 알아차릴 수 있다.

가정이나 직장에도 '분위기'가 있다. 거기에 있는 물건은 아무리 작은 것이라도 그곳의 느낌이나 분위기를 만드는 데 일조한다. 할아버지가 앉으시던 의자가 있고, 그 옆에 할머니께서 뜨개질할 때 켜곤 했던 램프가 있다. 자녀와 손주들은 램프와 의자에서 두 분의 사랑과 따뜻함을 느낀다. 분위기를 알아차리는 능력은 인간이 가진 심오한 능력 중의 하나다. 이것을 통해서 우리는 우리 주변 세계의 특성을 알게 된다. 분위기는 인간이 세상을 알아차리는 앎의 방식이고, 삶의 방식이다.

학교에도 분위기가 있다. 부모는 교사와 이야기를 나누는 동안에 학교 분위기를 느낀다. 어린아이는 학교를 괴물 같고 위협적인 장소로 느낄 수도 있다. 반면에 안식처처럼 아이들을 안정시키고 자신감을 주는 장소로 느낄 수도 있다.

분위기는 장소가 가지고 있는 복잡한 현상이다. 어떤 아이에게 위협적이고 협박적인 장소가 다른 아이에게는 모험과 도전의 장소가 되기도 한다. 우리가 그곳에 갈 때 어떤 마음으로 가는가 하는 것도 그 장소의 분위기에 영향을 미친다. 예컨대, 우리는 어떤 장소의 풍경이나 야경을 보면서 이전에는 미처 알지 못했던 평화나 편안함을 느끼기도 한다. 인간과 관련된 것에는 모두 분위기가 있다. 물건에도 성화, 안락의자, 공간에도 평화로운 경치, 따스한 해변, 행사에도 졸업 기념 축제장, 엄숙한 강연, 시간에도 기쁨이 넘치는 수확기, 감사가 충만한 마지막 모임 분위기는 있다. 그뿐만 아니라 특정한 대상이나 현상에도 분위기는 있다. 이런 분위기는 인간이 세상을 경험하는 방식이다.

따라서 분위기라는 개념은 교육적으로 탐색해 볼 만한 현상이다. 특히 자녀를 양육하는 부모나 학생을 가르치는 교사는 아이의 존재감과 삶에 분위기가 기여하는 영향력을 이해해야 한다. 감각이 있는 교사는 삶이나 학습에 영향을 미치는 분위기를 만들 줄 안다. 어떤 학교가 좋은 학교인지에 대해서는 교사들 사이에도 이견이 있을 수 있다. 하지만 교육적으로 말하면, 학교는 사회적으로 수용 가능한 방식으로 학생들이 물리적 세계와 시간·공간을 경험하는 곳이다.

대부분의 교사는 이것을 직감하고 있기 때문에 형형색색의 관심을 끄는 전시물들을 걸어 교실 벽을 꾸민다. 교실의 게시판에는 여러 가지 사진, 공지 사항, 딱딱하지 않은 분위기를 연출하는 장식품, 회의 및 소

모임 안내로 가득하다. 어떤 교사는 학생보다 동료나 학부모의 눈을 더 의식한다. 교실에 학습 또는 공부에 집중하는 데 방해가 되는 전시물이나 물건들, 거슬리는 색깔이 많으면 분위기가 어수선해진다. 그래서 새 학기에는 지나간 수업에 사용한 자료들을 정리해서 깨끗하게 치우는 것이 더 좋다.

교사는 학교나 교실 분위기에 영향을 주는 여러 가지 요소가 학생들에게 어떤 영향을 미치는지를 알아차리는 민감성을 연마해야 한다. 가정이 중요하듯이, 학교도 중요하다. 학교는 학생들이 세상을 탐험할 시간이며 공간이다. 학교는 한편으로는 준비가 덜 된 학생들을 척박한 현실에서 지켜 주는 안전지대와 같은 장소이며, 다른 한편으로는 개인적이고 사적인 가정이라는 공간을 확대한 좀 더 크고 대중적이며 공동체적이고 사회적이고 공적인 곳이다. 이런 면에서 학교는 가정과 세상 사이에 존재하면서 이 둘을 연결하고 중재한다.

교실은 물리적인 공간이지만 교실에 들어가면서, 우리는 한편으로는 공적인 삶이 뭔지 모를 신비로운 힘에 끌리고 싶어 하고, 또 다른 한편으로는 친밀하고 안정감 있는 분위기를 느끼고 싶어 한다. 교실로 들어서면 거기서 일어나고 있는 교육을 느낄 수 있다. 분위기만 보고도 교사와 학생들에게 좋은 공간인지 여부를 알 수 있다.

분위기가 살아 있는 교실은 우리에게 학교의 존재 이유를 생각하게 한다. 학생이 세상을 경험하고 탐구하는 곳이 바로 학교다. 초등학교 학생들은 교실에서 수학적·사회적·역사적·음악적·문학적·미술적으로 세상을 배운다. 중학교 교실에는 각 교과의 분위기가 있다과학실, 미술실과는 다른.

학생이 과학실에서 나와 미술실로 들어갈 때면 학생의 관심도 과학에서 미술로 옮겨진다. 과학실에서의 선생님은 인간 손의 구조와 기능에 대해 이야기했고, 학생은 오스트랄로피테쿠스와 호모사피엔스의 손뼈를 보며 인간 진화의 특성을 관찰했다. 그리고 손가락이 어떻게 쭉 뻗게 되었는지, 엄지손가락의 골절이 어떻게 넓어지고 길어졌는지, 굽혀지는 엄지손가락과 그 근처의 근육들이 얼마나 유용한지 등에 관심을 갖는다.

그러나 이 학생이 미술실에 들어가면 달라진다. 책상 위의 로댕의 '기도하는 손'을 모조한 조각품에 주목한다. 어떤 학생들은 손의 기능과 역할을 초월하여 마음을 다해 기도하고, 어떤 학생들은 위로 쭉 뻗은 손가락을 보며 웃는다. 영성을 실감하는 이런 학생은 가히 천재다. 과학실과 미술실, 두 교실 분위기는 아주 다르다.

두 공간은 서로 다른 세계다. 각각의 세계는 나름대로의 가치, 느낌, 신념이 있다. 로댕의 조각품 속의 손에 외전근外轉筋, 안상관절鞍狀關節, 엄지손가락의 골절 진화와 같은 용어를 붙이는 것이 어울리는 일인가? 손이라는 것이 어떻게 이렇게 다른 두 개의 실재가 될수 있는가?

나는 이 글을 쓰면서 내 손을 본다. 이상하게 생겼다. 나는 릴케의 시를 생각한다. 어느 날 릴케는 책상 아래로 손을 뻗어 더듬다가 자기 손을 보게 된 경험을 회고했다. 그 순간만큼은 '그 손'이 나름대로의 생명을 가지고 있는 것처럼 보였다. 신비한 욕구에 따라 움직이는 손이 마치 손이 아닌 다른 것처럼 낯설게 느껴졌다. 릴케의 이런 회고가 나에게는 매우 인상적이었기 때문에 나는 그의 시가 감각적이라고 느낀다. 나는 정확한 시의 구절을 기억하려고 노력하지만, 내 눈은 앞 문단을 향하고 있다. 그러다가 나는 다시 그 미술실로 돌아가 다른 분위기의 손을 보면서 이런 분위기의 전환에 다시 한 번 놀란다.

벽지를 고를 때, 가구의 종류와 배치를 고민할 때, 어린 시절의 물건들을 진열할 때 우리는 집 안 분위기를 고려한다. 따라서 교사가 교실의 환경을 구성할 때도 그래야 한다.

어떤 게시물은 학생들에게 학교가 요구하는 것이 무엇인지를 알게 해 준다. 이것은 삶에는 일정한 질서가 필요하다는 생각을 하게 한다. 모든 것에는 때가 있다. 학교는 시간과 시계—삶의 시간과 자연의 시간, 휴식 시간과 공부 시간, 계획할 때와 실천했을 때, 사적인 시간과 공적인 시간, 시작할 때와 끝날 때—둘 사이를 조율하는 방식을 배우는 곳이다.

교실은 가정이나 지역사회가 제공하지 못하는 삶

을 학생에게 제공한다. 도시 학교의 경우 교실은 세상이 모두 콘크리트나 플라스틱만으로 만들어진 것이 아니라는 것을 학생에게 느끼게 해 주어야 한다. 그래서 양모, 헝겊, 땅, 진흙, 식물 같은 자연 재료를 사용해야 한다. 이처럼 학교는 학생에게 자신이 사는 세상과 다른 낯선 세상, 다른 면을 제공하여 균형을 맞춰 주어야 한다.

교실 안의 물건이나 가구는 지나간 학습의 중요성을 재해석하는 역할을 한다. 유미는 학교에서 처음으로 거미에 대해 배웠다. 며칠 후 유미는 집 침실 구석에서 작은 거미를 발견했다. 유미는 아버지와 거미를 어떻게 할 것인지에 대해 의논했다.

"잡아서 창문 밖으로 던져 줄까? 아니면 그냥 방구석에 둘까?"

"거기 두는 게 좋겠어요."

다음날 그 거미는 형광등 옆에 거미줄을 쳤다. 유미는 거미가 그곳에 머물거나, 아니면 다른 곳으로 갈 수 있도록 창문을 조금 열어 두었다. 유미는 이 일로 인해 교실에 게시되어 있는 거미 사진과 그림을 유심

히 보게 되었다. 집에 있는 거미 덕분에 새로운 흥미
를 갖고 거미 사진을 볼 수 있게 되었다. 전부터 있었
던 것이 새로운 의미를 갖게 되었고, 새로운 질문도
하게 되었다.

"거미는 어떻게 거미줄을 칠까?"
"거미는 거미줄에 왜 안 걸릴까?"
"이 거미는 수컷일까, 암컷일까?"

분위기는 공간을 체험하고 경험하는 방식이다. 또
분위기는 교사가 학생에게 어떤 모습으로 존재하는
가를 규정하는 데 영향을 미친다. 분위기는 학생이 어
떤 공간에서 스스로 존재할 수 있게 해 준다. 제스처
나 목소리의 어조가 분위기를 만든다. 교사가 오스카
와일드Oscar Wilde의 『행복한 왕자The Happy Prince』이야
기를 읽어 줄 때, 교사 내면의 아름다움과 감성이 이
야기 자체의 분위기와 어우러진다면 이야기가 끝나도
교사의 목소리에 담긴 여운으로 학생들은 상당한 카
타르시스를 느끼게 될 것이다. 사랑으로 어떻게 그렇

게 아름답게 희생할 수 있을까? 작은 제비에게는 얼마
나 슬픈 일인가?

　교사는 천천히 책을 덮고, 교실에는 침묵이 흐른
다. 감동을 받지 않은 학생마저 잠시 침묵한다. 이 침
묵도 분위기다. 침묵은 목소리나 소리가 없는 것이 아
니다. 침묵도 나름대로의 음색을 가지고 있다. 책을
덮어도 이야기는 계속되어서 침묵하는 것이다. 이것
은 숙고적이고 평가적인 침묵이다. 이 침묵은 학생들
이 자기 노트에 글을 쓰고 있을 때, 교실에 흐르는 침
묵과는 분위기가 다른 침묵이다.

CHILDREN TEACH US
HOPE & OPENNESS

희망으로 사는 것 >>>>

희망으로 사는 것

⭐ 사례 1

어른들은 마치 우리에게 세상에는 희망이 없다는 것을 알려 주려는 것 같다. 내가 생각할 때 나는 좋은 것과 나쁜 것을 모두 가진 것 같다. 세상에 널려 있는 문제들을 생각하면 나도 절망한다. 집 없는 사람, 가난한 사람, 환경 파괴, 종교적인 적대, 인종 차별, 불치병, 에너지 고갈, 오염된 물과 부족한 공기 등. 우리 선생님조차도 이런 세상을 이제 우리에게로 넘겨 줘야 한다고 생각하는 것 같다. 선생님이 하신 말씀이다.

"너희에게 달려 있어. 너희가 인류의 운명을 결정할 바로 그 세대란다."

하지만 선생님은 우리가 해낼 수 있을지에 대해 냉

소적이고 회의적인 듯하다. 선생님은 사례를 보여 주지 않는다. 선생님은 단지 자신의 인생만을 살아내는 것 같다. 아무 희망이 없다는 느낌……. 이것이 가장 힘들다고 생각한다. 이 세상은 영원하지 않을 거라고 말하는 사람들처럼 나도 그렇게 느낄 때가 있다. 하지만 알다시피 항상 부정적이지는 않다. 나는 꽤 희망적이라고 생각한다. 나는 다른 사람을 돕고 싶고, 잘 살고 싶고, 좋은 가족과 좋은 아이도 갖고 싶다. 다만 우리 부모님조차도 내가 이런 희망을 느낄 수 있도록 해 주지 않으면 내가 희망을 갖기는 정말 어렵다는 것을 잘 알고 있다.

✸ 사례 2

가끔 나는 인간이 지구를 파괴하고 있기 때문에 학교에 가는 게 무슨 소용인가 싶어 의욕을 상실할 때가 있다. 또 우리에게 이런 망가진 세상을 남겨 준 어른들도 밉다. 어른들 인생은 곧 끝날지 모르겠지만 우리는 이제 막 시작했는데……. 나는 살고 싶다. 나는 어릴 때

좋은 경험을 많이 하고 싶다. 나는 생태계 파괴와 오염, 열대우림의 파괴, 멸종, 세계 곳곳에서 사람들이 겪는 고통들에 대해서 걱정해야 한다는 것이 싫다. 내가 감당하기에는 힘든 일들이다. 어른들은 이 모든 것을 우리에게 떠넘기기만 한다. 우리가 뭘 할 수 있는가?

✴ 사례 3

나는 올해 졸업반인데, 졸업 후에 무엇을 해야 할지 모르겠다. 부모님은 이혼하셨다. 나는 안정감을 느끼고 싶다—좋은 가정과 친구를 갖고 싶다. 대학에 진학하는 것은 내가 원하는 것이 아니다. 내가 뭘 할 수 있을까? 나는 이런 고민을 가끔 친구에게 털어놓는다. 어떤 애들은 무관심하다. 또 몇몇은 내 처지를 공감한다.

우리가 이런 젊은이들에게 무슨 말을 해야 할까? 그들은 죽음과 파괴와 재앙에 대한 이야기를 한다. 이것이 오늘날의 젊은이들이 우리 시대를 경험하는 방식이다. 그들의 말을 통해 우리의 실패를 보고 들을 수 있다. 그들이 우리에게 말하는 것은 우리가 낭비한 인생, 우리가 체험한 극심한 공포를 자기들에게 짐을 지웠다는 것이다. 더 나쁜 것은 이 광란 상태를 뭔가 괜찮은 것으로 바꿀 책임을 젊은이들에게 떠넘기고 있다는 것이다.

책임은 그들에게 있는 게 아니라 우리에게 있다. 젊은이에게 이런 책임을 지라고 요구할 권리가 우리에게 있는가? 우리는 우리 시대의 어린이에게 희망을 주고, 희망의 모델이 되어야 한다. 하지만 재앙으로 드리워진 그림자를 보며 냉소하지 않을 수 있을까? 깊게 한숨 쉬고 절망하며 숙명이라고 생각하면 포기하기가 더 쉬워 보인다. 그러나 어린이와 함께 사는 우리 중 일부 사람들은 이렇게까지 허무하지 않다. 어린이의 삶에서 우리가 하고 있는 교육을 포기해서는 안된다. 어린이는 우리 미래의 희망이다.

어린이에게 희망이 없으면 세상은 더 이상 존재하지 않는다. 우리 세상에, 가정에, 교실에 있는 어린이를 보라. 고운 시선으로 보라. 교육적으로 보라. 우리가 보는 것이 희망이다. 당신이 어린이를 이런 식으로 '보면', 당신의 삶에도 희망이 보인다. 부모가 되어 아이와 살면 이 세상이 반드시 계속 존재해야 한다고 생각하게 된다. 아버지인 나는 이제 더 이상 세상을 위험한 상태로 내버려 둘 수 없다. 아버지에게 아이는 살아 있는 희망이다. 내가 나서야 한다. 희망은 나를 행동하게 한다.

희망은 태초부터 있었다. 뱃속 아기의 첫 태동 때부터 있었다. 예비 엄마나 아빠가 되면 가끔은 엄마나 아빠라는 존재가 낯설어 혼란스럽기도 하지만, 그 와중에도 희망을 경험한다. '아기가 건강하길 바란다.'와 같은 구체적인 희망을 갖는다. 아이가 어서 빨리 태어나기를 기다리는 여인은 말 그대로 희망으로 산다.

교육이 희망인 것은 부모나 교사가 어린이와 더불어 살아가는 방식을 다시 구축하기 때문이다. 그 희망은 어른이 존재하는 방식, 어린이에게 세상을 보여 주는 방식, 세상을 책임지는 방식, 세상에 알려진 지식을 체험하고 축적하는 방식, 그 지식을 어린이에게 보여 주고 설명하는 방식이기도 하다. 희망적으로 사는 사람이야말로 어린이에게 '진정한' 아버지이고, '진정한' 어머니이며, '진정한' 교사다. 어떻게 사는 것이 희망적인 삶인지를 보여 주지 못하거나 보여 주지 않을 때, 우리는 책임을 다하지 못하는 것이다. 무책임한 사람은 모든 젊은이를 냉소적으로 만드는 사람이요, 희망이 없는 사람이요, 공동체 의식을 배우지 못하고 자란 사람이요, 삶의 모델이 되지 못하는 사람이다. 독일의 작가 귄터 그라스Günter Grass는 이 사실을 잘 알고 있었다. 『양철북Die Blechtrommel』에서 오스카Oskar는 어른이 되어야 하는 이유를 알지 못해서 어른이 되지 않았다.

희망이란 결국에는 '잘 될 거야.' 하는 식의 낙관만을 의미하는 것은 아니다. 희망은 헌신과 수고를 필요로 한다. 최악의 고통스러운 처지에서도 우리는 아이들을 포기해서도 안 되고 포기할 수도 없다. 얼마나 모순적인가! 세상이 뭔가 잘못되어 가고, 특히 요즘 더 많은 것이 잘못되어 가고 있지만, 이렇게 희망적이지 못할 때가 바로 아이들 때문에 희망을 가져야 할 때다.

부모나 교사가 된다는 것은 어린이에게 기대나 희망을 거는 것을 의미한다. 하지만 '희망'은 그냥 말일 뿐이다. 말이란 늘 지나가 버리거나, 진부하거나, 피상적이거나, 공허하기 쉽다. 그래서 우리는 어린이와 산다는 것이 어떻게 희망을 경험하는 것인지, 우리가 하는 일이 어떤 희망을 지녔는지 탐색해 봐야 한다. 우리가 희망을 경험하는 방식은 어린이와 함께하는 것이다. 가장 중요한 것은 우리가 말하는 것과 행동하는 것이 아니라, 어린이와 함께 존재하는 방식이다.

　우리는 기대하거나 원하는 것을 말할 때 이렇게 말한다. '나는 ~을 바란다.' '나는 내 아이가 학교에서 공부를 좀 잘하길 바란다.' '나는 내 아이가 혼자서도 숙제를 할 수 있었으면 해.' '자기 일을 스스로 했으면 해.' 이런 것은 시간이 지나면서 이뤄지는 희망이다. 하지만 어린이 때문에 어른은 자신을 초월할 수 있다. '나는 ~을 희망해.' '나는 희망적으로 살아.' '나는 아이를 희망으로 여기며 살거야.'

　비교육적인 삶과 교육적인 삶은 이런 희망으로 구분할 수 있다. 또 교육을 통해서 우리가 진정으로 바

라는 것은 바로 아이들이 희망을 갖고 살도록 하는 것
이다. 희망이 우리에게 주는 것은 이런 믿음이다. '나
는 너를 포기하지 않을 거야.' '나는 네가 스스로의 삶
을 살 수 있다는 걸 알아.' 희망은 어린이의 가능성을
참고 기다리는 것이다. 또한 희망은 우리가 어린이의
가능성을 경험하는 것이다. 우리가 어떤 실망을 하더
라도 어떻게 사는 것이 좋은지에 대해서는 어린이에
게 보여 주면서 살 수 밖에 없다. 그러므로 희망이 교
육이고, 교육이 희망 아닐까?

잠시 '지식 창출' '전달식 프로그램' '결과 중심 수업'
'목표달성 행정'과 같은 용어를 생각해 보자. 공장 모
형, 컴퓨터 기술, 정보 처리, 신자유주의 사고 방식이
학교 교육에 영향을 미치고 있다. 교육자나 교육행정
가들이 교육을 설명할 때 이런 용어들을 자주 사용한
다. 가르침을 설명하는 데 왜 이런 말을 사용해야 하
는가?

이런 말에서 나는 모순을 발견한다. 한편으로는 이
런 말을 사용함으로써 교사가 변해야 한다고 생각한
다. 그러나 이런 것은 희망이 아니다. 오로지 미래를

위한 것이지 현재의 존재를 위한 것은 아니다. 이것은 희망을 가진 현 존재자로서 어린이와 더불어 '존재'하는 우리 자신을 설명해 주지 못한다. 결과, 전수, 평가, 투입제공, 수요자 만족과 같은 말들은 희망이라는 말 자체가 의미하는 그 희망이 아니다. 이것은 우리가 희망하는 희망이 아니다. 이것은 진정성 없는 성급한 언어다. 이것은 결코 다시 붙이거나 뭉칠 수 없도록 희망을 산산조각 내 놓고 마치 젓가락으로 그 한 조각을 집어 드는 것과 같은 것이다.

'달성 가능한 목표를 세우라.'와 '희망을 가지라.'라는 말은 서로 다른 말이다. 물론 교사는 예측하고, 목표와 목적을 세우고, 과정과 성과를 평가해야 한다. 그러나 교사에게는 가르침의 영향력과 배움의 경이로움에 대한 깊은 신뢰와 안목도 필요하다. 기대하는 것들은 욕구, 바람, 확신, 예측에 의해 쉽게 변한다. 그러므로 교사가 기대하는 것에 직간접적인 영향을 미치는 것들을 제거해야 한다. 희망을 갖는 것은 가능성을 믿는 것이다. 가능성을 믿으면서 희망은 강해진다.

전달식 프로그램, 성취 목표, 결과 중심 수업 같은

교육 용어가 잘못되었다는 것을 말하려는 것이 아니다. 어떤 관점에서 이 용어들은 행정적으로 편리하기 때문에 사용하는 용어일 뿐이다. 교사는 항상 뭘 가르칠 것인가를 계획한다. 문제는 '행정적'이고, '기술적'인 것 때문에 부모나 교사가 기억해야 할, 살아 있는 다른 형태의 이해의 형식을 잃어버릴 수 있다는 것을 말하고 싶다. 다른 형태의 이해란 '희망'을 갖고 아이를 '양육'하는 것이며, 보살피고 가르치는 것이다. 부모나 교사가 되면 잊어버렸던 이런 것들을 다시 회복해야 한다.

그렇게 하지 않으면 무서운 결과를 초래한다. 이를테면 교사는 지쳐서 나가떨어지고, 그로 인해 일상이 허무해진다. 심하면 뜨거운 가슴을 잃어버리는 더 큰 대가를 치뤄야 한다. '무슨 소용이 있어?' 하는 회의를 떨치지 못한다. 사실, '무슨 소용이 있어?' 하는 것은 한탄하거나 한숨을 짓는 것보다 더 심각하다. 교사가 지치는 것은 지나친 노고나 과로 때문만은 아니다. 내가 왜, 뭘 가르치고 있는지 더 이상 알지 못하기 때문이다. 지쳤다는 것은 희망이 없다는 것이고, '무슨 소용이 있어?'라고 회의하는 것이며, 더 이상 긍정적으로 답할 수 없다는 것이다.

'내가 다시 어린 시절로 돌아갈 수 있다면……' 주변의 많은 사람이 어린 시절을 그리워한다. 그렇다고 해서 그들이 다시 어린이가 되고 싶어 하지는 않는다. 엄격하게 말하면, 우리가 원하는 것은 어린이처럼 세상을 경험하고 싶다는 것이다. 우리는 가능성과 개방성, 뭐든 가능하다는 자신감을 되찾고 싶어 한다.

어린이는 자기가 초인적이지 않다는 것을 안다. 그러나 놀이를 통해서, 아이는 스스로 초인적이라는 것을 경험하기도 한다. 이런 것은 어릴 때나 가능하며, 부모나 교사가 되면 이런 희망을 지켜 볼 수 있는 행운을 갖게 된다. 이것이 우리가 정말 좋은 부모이고 교사라면, 어린이가 우리에게 반드시 가르쳐 주는 것이다.

우리가 어린이를 이해하는 방식은 우리 스스로를 이해하는 방식이기도 하다. 우리가 스스로 개방적이라고 느낄 때, 우리는 어린이에게 개방적일 수 있다. 어린이 스스로 뭔가를 하려면 이 개방성이 필요하다. 부모와 교사로서 살기 위해, 또 우리가 어떻게 되어야 하는지를 알기 위해서는 우리도 개방적일 필요가 있다.

어린이 앞에 우리 자신을 숨겨서는 안 된다. 왜냐하면 우리도 어떻게 살아야 하는지를 우리 자신에게 물어야 하기 때문이다. 그러면 아이들도 '어른으로 책임감 있게 사는 것이란 어떻게 사는 것인가.'라는 질문에 항상 열려 있게 된다. '이것이 최고의 인생인가?' 이런 나의 삶은 어린이에게 항상 하나의 예시가 된다. 내 마음에 들든 안 들든, 나의 삶은 항상 '이것이 내가 사는 방식이야.'라는 것을 말해 준다.

나는 항상 내 옆에 있는 어린이를 내가 책임져야 한다고 생각한다. 나는 어린이가 내 안에서, 또 나를 통해서 성숙한 성인상을 찾는다고 생각한다.

우리는 어린이에게서 배워야 한다. 그러기 위해서 우리는 어린이에게서 더 나은 학습자가 되어야 한다. 왜냐하면 그들이 우리를 보고 배우려 하기 때문이다.

CHILDREN ARE
NATURAL FORGIVERS

어린이의 용서 >>>>

어린이의 용서

학부모이면서 학교 선생님인 내 아내가 이 책의 원고를 정리하면서 "나한테 하는 이야기 같아요. 양심에 찔려요."라고 말했다. 이 글을 쓰는 내내 나 역시 '진정한' 아버지와 '진짜' 교사로서 부족하다는 반성을 했다.

한편으로 나는 스스로에게 하는 이런 반성을 믿지 않는다. 이건 가끔씩 일종의 자기 면죄부 같은 역할을 하기 때문이다. 부모나 교사 모두 과거의 잘못에 대해 양심의 가책을 느끼지만 대부분 거기서 그친다. 우리는 살면서 가능한 최선을 다할 뿐이다.

다른 한편으로 나는 내 과거나 현재에도 계속하고 있는 실패들을 무시하고 싶지 않다. 내가 어린이에게 무슨 잘못을 했는지 생각함으로써 항상 교육의 의미를 되짚어 본다. 내가 학문하면서 만든 '성찰적 교육행위reflective pedagogical practice'라는 용어가 내 뇌리에서 굴러다닌다. '성찰행위'는 교육이 무엇인가라는 질문의 답을 계속 찾도록 하고, 나의 교육행위를 부단히 짚어 보게 한다. '교육행위'는 사려 깊은 행동, 생각이 가득한 행동과 행동이 가득한 생각을 의미한다.

결국 교육자로서 우리는 어린이와 더불어 살아야 한다. 가끔은 어린이와 떨어져서 개인적인 시간을 보내거나 휴식을 취할 수도 있다. 그렇지만 실제로 단한 순간도 그 삶을 버리거나 살지 않을 수는 없다. 부모가 된 이상 항상 부모일 수밖에 없고, 교사인 이상 늘 교사일 수밖에 없다.

그래서 우리는 어머니, 아버지, 교사로서 부족하다는 죄의식을 가질 수밖에 없다. 우리가 해야 하는 것, 그것은 내가 이 책을 쓰는 내내 강조한 것, 바로 우리 아이들 가까이서 그들을 지켜보는 것이다. 어린이는 천부적으로 용서할 줄 안다. 물론 이 사실이 우리에게 계속해서 '좋은' 부모나 교사가 되도록 종용한다. 교사와 부모로서 우리는 우리의 죄책감뿐만 아니라 무조건적인 그들의 용서도 너무나 잘 알고 있다. 그러므로 진정한 교사로서 우리는 어린이가 우리에게 항상 보내 주는 신뢰와 가치에 부끄럽지 않도록 노력해야 한다. 그들의 용서를 악용해서는 안 된다.

어린이는 부모님을 사랑하기 때문에 용서한다. 자녀와 부모 간의 애착 형성의 중요성은 아무리 강조해도 지나치지 않다. 어린이가 신체적으로나 정서적으로 상처받더라도 부모와의 관계는 회복할 수 있다. 아이는 자라면서 어른들과 일정한 거리를 유지할 줄 알게 된다. 부모의 실패나 한계에 대해서도 알게 된다. 대부분의 서운함은 풀리고, '이해'하면서 용서한다.

교사도 마찬가지다. 교사도 제2의 부모로서 교육적인 관계를 유지하기 위해 노력한다. 부모와 같은 과정에서 교사에 대한 몇 가지 중요한 점을 생각해 보자. 어린 학생들은 교사가 자신을 알아 주고 믿어 주기를 바란다. 학생의 정체성, 학습과 발달에 대한 교사의 인정이나 믿음이 미치는 영향은 실로 크다.

그렇다. 가르침은 교육의 과업[1]이다. 교사가 학생과의 관계에서 실패하기도 하고 오해하기도 하지만, 중요한 것은 학생들이 교사의 교육을 경험한다는 사실이다. 학생지도에 책임감을 가진 적극적인 교사는 그들과 호의적인 관계나 상태를 유지하며 가르친다.

혼히 말하는 것과는 달리, 용서는 잊어버리는 것이 아니다. 용서는 사랑하고 이해하기 때문에 부모 – 자녀, 교사 – 학생 간의 관계를 회복하려는 나름대로 교육적인 가치가 있는 일이다.

---

1) Max, V. M. (1991). *The Tact of Teaching: The Meaning of Pedagogical Thoughtfulness.* London: SUNY Press.

✷ 저자 소개

Max van Manen 캐나다 앨버타 대학교 석사 · 박사이며, 캐나다 에드몬튼 공립학교에서 K－12학년의 제2언어로서 영어 교사, 토론토 대학교(1973～1976) 조교수, 빅토리아 대학교 방문교수를 역임하였다. 현재는 캐나다 앨버타 대학교 교육학부 교수로 재직하고 있다. 관심 분야는 현상학적 해석학, 교육과정과 교육이론, 현상학적 글쓰기다.

✷ 역자 소개

정광순 한국교원대학교 초등교육과를 졸업하였으며, 삼성초등학교 외 3개교에서 12년간 교사로 재직하였다. 현재는 한국교원대학교 초등교육과 교수로 재직하고 있다. 관심 분야는 초등교육, 초등교육과정과 수업이다.

김선영 한국교원대학교 초등교육학과를 졸업하였으며, 대구동도초등학교에서 4년간 교사로 재직하였다. 현재는 텍사스 대학교 교육과정 전공 박사과정에 있다. 관심 분야는 교사 정체성 및 교사 성장, 비판적 교육, 다문화 교육이다.

'가르친다는 것'의 의미
THE TONE OF TEACHING

2012년 10월 30일 1판 1쇄 발행
2024년 4월 20일 1판 11쇄 발행

지은이 • Max van Manen
옮긴이 • 정광순 · 김선영
펴낸이 • 김 진 환
펴낸곳 • **(주)학지사**

        04031 서울특별시 마포구 양화로 15길 20 마인드월드빌딩 5층

대표전화 • 02) 330-5114   팩스 • 02) 324-2345

등록번호 • 제313-2006-000265호

홈페이지 • http://www.hakjisa.co.kr
페이스북 • https://www.facebook.com/hakjisabook

ISBN 978-89-6330-888-3 03370

정가 **10,000**원

출판미디어기업 **학지사**

간호보건의학출판 **학지사메디컬** www.hakjisamd.co.kr
심리검사연구소 **인싸이트** www.inpsyt.co.kr
학술논문서비스 **뉴논문** www.newnonmun.com
원격교육연수원 **카운피아** www.counpia.com
대학교재전자책플랫폼 **캠퍼스북** www.campusbook.co.kr